Norbert Herschkowitz
Elinore Chapman Herschkowitz

Lebensklug und kreativ

Norbert Herschkowitz
Elinore Chapman Herschkowitz

Lebensklug und kreativ

Was unser Gehirn leistet, wenn wir älter werden

HERDER

FREIBURG · BASEL · WIEN

Gedruckt auf umweltfreundlichem,
chlorfrei gebleichtem Papier

Originalausgabe

www.herder.de
Satz: Dtp-Satzservice Peter Huber, Freiburg
Herstellung: fgb · freiburger graphische betriebe 2006
www.fgb.de
ISBN-13: 978-3-451-28654-4
ISBN-10: 3-451-28654-8

Inhalt

„In jedes Lebensalter treten wir als Neulinge ein
und ermangeln darin der Erfahrung.“

La Rouchefoucauld

Vorwort

Mit welcher Vorfreude blicken Kleinkinder auf die Zeit, wenn sie „groß" werden und zur Schule gehen dürfen! Wie ungeduldig sehnen sich Jugendliche nach der Freiheit der Selbstbestimmung, wenn sie endlich „erwachsen" sein werden. Doch werden Menschen um 50, 60 Jahre gefragt, ob sie sich aufs Alter freuen, kommt die Antwort meist zögerlich. Viele streiten sogar die Möglichkeit ab, dass sie selbst ein hohes Alter erreichen werden.

Eine Gesellschaft, die großen Wert auf jugendliche Spontaneität und körperliche Unversehrtheit legt, neigt zu negativen Pauschalvorurteilen dem Altern gegenüber. Schlagwörter wie „Überalterung", „Generationenkonflikt" und „Zukunftsangst" stiften Unruhe. Die Diskrepanz zwischen der Realität, die wir an uns selbst erleben, und den Märchen von ewiger Jugend, die uns die Werbung vorgaukelt, schürt zusätzliche Unsicherheit und Angst. Das Alter wird nicht mehr als selbstverständlicher Teil der Lebensspanne betrachtet, der wie jede andere Phase aus Möglichkeiten und Grenzen besteht. Es wird zu viel vom „Altern" im Allgemeinen gesprochen und zu wenig davon, dass jedes Altern ein hoch individueller Prozess ist.

Es ist essentiell, zwischen drei Hauptformen des Alterns zu unterscheiden: dem üblichen Altern, dem krankhaften Altern und dem gestalteten oder optimierten Altern. Das übliche Altern bezeichnet Alterungsprozesse, denen alle Menschen mehr oder weniger stark unterworfen sind. „Senilität" oder geistiger Abbau gehört keinesfalls zum üblichen Altern, sondern wird durch Krankheiten oder Unfälle verursacht. Ob das Altern krankhaft verläuft, ob also Krankheiten wie etwa die Alzheimer- oder Parkinsonkrankheit, Arteriosklerose und Altersdiabetes auftreten oder nicht auftreten, ist zum Teil auf eine genetische Veranlagung zurückzuführen. Doch können Umweltfaktoren und Lebensstil eine entscheidende Rolle spielen. Das gestaltete Altern ist das Resultat des persönlichen Einsatzes, um negative Alterungsprozesse so weit wie möglich zu kompensieren und vorhandene Stärken zur Entfaltung zu bringen.

Dieses Buch richtet sich an Menschen, die das Potential ihrer reifen Jahre ausschöpfen wollen und die – mit den Worten des Philosophen Karl Barth gesprochen – danach streben, ihre „Kraft zum Menschsein" voll zur Entfaltung zu bringen. Es ist unsere Absicht, Vorurteile abzubauen und Anregungen zu bieten, wie Menschen im Alter von 50 aufwärts auf ihre Stärken aufbauen können, um die besten Voraussetzungen zu schaffen für ein erfülltes und möglichst selbstbestimmtes Alter. Ältere Menschen sollen ihre langjährigen Erfahrungen nutzen und ihre kreativen Impulse einsetzen können.

Wir stützen uns dabei auf aktuelle Forschungsergebnisse der Gerontologie und der Neurowissenschaften. Schon Hippokrates (460–375 v. Chr.) war sich der zentralen Rolle des Gehirns bewusst: „Vom Gehirn und nur vom Gehirn stammen unsere Freuden, Vergnügen, unser Lachen und Scherzen, aber auch unsere Sorgen, Schmerzen, Trauer und Tränen." Kenntnisse der Hirnentwicklung helfen uns, die verschiedenen Lebensepochen mit ihren besonderen Einschränkungen und Chancen besser zu verstehen. Es dürfte viele überraschen, dass die Abnahme der Nervenzellen im üblichen Altern nur etwa 10 Prozent beträgt und dass Altern nicht nur Abbau bedeutet, sondern auch Umbau und Aufbau. Obwohl viele Prozesse langsamer verlaufen, bleibt das Gehirn – und damit der Mensch – lernfähig bis ans Lebensende.

In den 80er-Jahren des 19. Jahrhunderts wurde unter Bismarck eine vorbildliche soziale Gesetzgebung ausgearbeitet, zu der ein Gesetz zur Alters- und Invaliditätssicherung gehörte. Die Rentenjahre galten als Belohnung für geleistete Arbeit; damit wollten die Gesetzgeber den älteren Menschen ab 70 Jahren einen gesicherten Lebensabend ermöglichen. Damals betrug die durchschnittliche Lebenserwartung etwa 40 Jahre. Doch die stetig zunehmende Lebenserwartung und Zunahme der nachberuflichen Jahre bedeuten neue Herausforderungen für die heutige Gesellschaft. Noch nie in der Geschichte hat es so viele ältere Menschen gegeben. Ein Mädchen, das heute geboren wird, hat eine 50-prozentige Chance, das Alter von 100 Jahren zu erreichen; ein Junge hat eine 50-prozentige Chance, 95 Jahre alt zu werden. Wir nähern uns einer Fünf-Generationen-Gesellschaft und müssen uns fragen, wie die fünf Generationen miteinander zu verbinden sind. Die Gesellschaft benötigt sowohl die spontanen Impulse der Jugend wie auch die umfassende Sichtweise älterer Menschen. Ein besseres Verständnis des Alterns als Teil der Lebensspanne ist eine wichtige Voraussetzung dafür, dass die Generationen sich gegenseitig helfen und voneinander profitieren können.

Kapitel 1

Das Alter als Glied in der Lebenskette

Wir leben in einer Gesellschaft, die Jugendlichkeit zum Ideal erhoben hat. Jugendliche Frische und Spontaneität sind die Maßstäbe für Erfolg und ein erfülltes Leben. Doch es gibt letztlich keine Möglichkeit, den Alterungsprozess aufzuhalten und ewige Jugend zu erlangen. Derartige Vorstellungen gehören ins Reich der Mythologie, wo sie übrigens nicht immer segensreich sind. Der einzige Weg zu leben ist, älter zu werden. Wie die Geburt, die Pubertät, das Erwachsenwerden stellt auch das Älterwerden einen Lebensübergang dar. Wenn wir diese Tatsache akzeptieren und uns darauf vorbereiten, können wir diese Etappe unseres Weges mit Zuversicht antreten.

Im Vorwort haben wir nur vom „Altern" gesprochen, ohne genaue Altersgrenzen zu setzen. Die Antwort auf die Frage „Wann beginnt das Alter?" hängt vom jeweiligen Alter und von den persönlichen Erfahrungen der befragten Personen ab. Menschen in der Ausbildung empfinden 70 Jahre als „alt", während bereits Pensionierte dazu neigen, 80 Jahre als Beginn des Altseins anzugeben. Fachleute bezeichnen die Jahre von 60–80 als „jung alt", 80–100 als „hoch alt" und mehr als 100 Jahre als „sehr hohes Alter". Doch gibt es Anzeichen dafür, dass die obere Grenze des jungen Alters schon auf 85 Jahre heraufgesetzt wird.

Aus praktischen Gründen sprechen wir im Folgenden von der Periode, die mit dem gesetzlich festgeschriebenen Pensionsalter beginnt und mit dem Tod endet. Mit dem Beginn der Menopause oder den ersten Gedanken ans Rentenalter spüren viele Menschen körperliche und psychologische Veränderungen, die sie an die einschneidenden Veränderungen der Pubertät erinnern. Ähnlich wie in der Adoleszenz ist man bemüht, eine neue Rolle im Leben zu finden. Ebenso wenig wie die Adoleszenz darf das Alter losgelöst von seinem Platz in der menschlichen Entwicklung betrachtet werden. Dazu gehört auch die Gehirnentwicklung.

Ein Lehrer beantragte kürzlich einen sechsmonatigen Aufenthalt in China, um zu versuchen, Chinesisch ohne systematischen Unterricht und „wie ein Kind" zu lernen. Sein Vorhaben konnte nur zur Enttäuschung führen, denn sein Gehirn war nicht mehr das eines Kindes. Das erwachsene Gehirn setzt andere Systeme zum Lernen ein, die in der Kindheit noch nicht entwickelt sind, und im Verlaufe der Jahre sind aufgrund der Reifungsprozesse und vieler Erfahrungen die Feinstrukturen im Gehirn ganz anders vernetzt als bei einem Kleinkind.

Die vielfältigen Leistungen des Gehirns

Als zentrales Kontrollorgan vereint und überwacht das Gehirn sämtliche lebensnotwendigen Prozesse, die im Körper ablaufen. Seine Leistungen sind umso beeindruckender, als so viel gleichzeitig geschieht und zum größten Teil ohne dass wir überhaupt etwas davon merken. Wir können die Funktionen des Gehirns in sieben Kreisen darstellen. Je nach Alter sind die in den Kreisen aufgeführten Fähigkeiten anders ausgeprägt. Systeme, die für lebenswichtige Funktionen zuständig sind, müssen bis zur Geburt voll einsatzfähig sein. Ihre Leistungsfähigkeit nimmt bis zum jungen Erwachsenenalter zu. Danach nimmt sie langsam bis ins Alter ab. Sprachfähigkeiten dagegen entwickeln sich bis ins hohe Alter.

Der erste Kreis umfasst die Kontrolle der lebensnotwendigen Funktionen wie Herzschlag, Atmung, Körpertemperatur sowie Stress- und Immunreaktionen. Dazu können wir weitere grundlegende Funktionen wie Aufmerksamkeit und Schlaf zählen. Die Wichtigkeit der Muskelkontrolle ist ebenfalls nicht zu unterschätzen. Es sind Muskeln, die das Herz pumpen lassen; Muskeln, die den Brustkorb sich beim Atmen anheben und beim Ausatmen senken lassen. Muskeln sind unsere einzigen Mittel, um mit unserer Umwelt in Kontakt zu treten oder um etwas zu bewirken. Dank unserer Muskeln können wir gehen, tanzen, uns die Hände reichen,

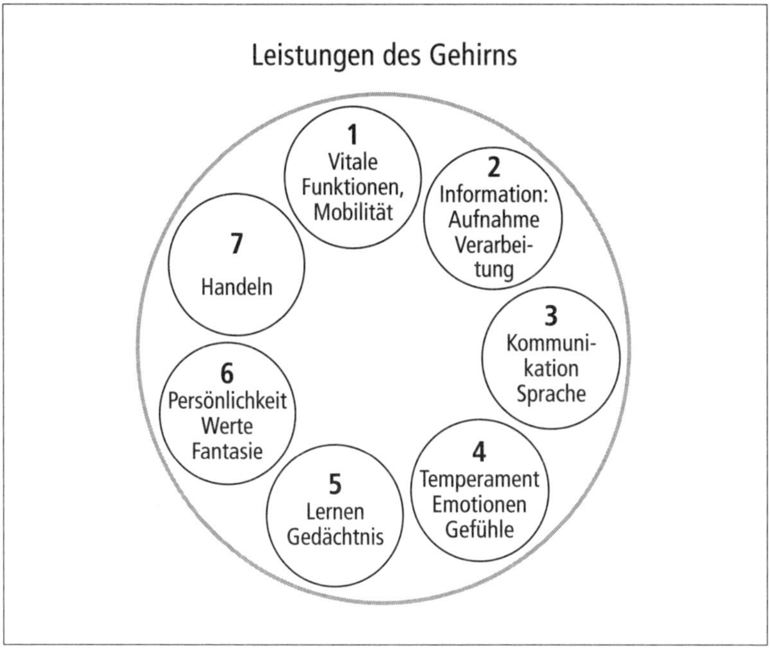

sprechen, kochen, Klavier spielen. Wenn unsere Kontrolle über sie versagt, verlieren wir unser körperlich-sprachliches Bewegungs- und Ausdrucksvermögen zu großen Teilen oder sogar vollständig. Dazu kann es kommen, wenn ein Mensch einen Hirnschlag erleidet. Er mag bei Bewusstsein sein, kann aber Worte nicht aussprechen, kann vielleicht einen Arm oder ein Bein nicht bewegen. Das selbstständige Essen ist erschwert oder verunmöglicht.

Der zweite Kreis stellt die Informationsaufnahme und -verarbeitung dar. Signale aus der Innen- und Außenwelt werden über Sinnesrezeptoren empfangen. Die Hauptarbeit des Gehirns besteht in der Verarbeitung der Informationen. Sie umfasst Prozesse, die beim Menschen besonders stark entwickelt sind. Was wir sehen, hören oder ertasten, wird aufgenommen, mit bestehender Information integriert und möglicherweise als Erinnerung eingelagert. Der Aufwand für die Verarbeitung der Informationen ist weit größer als für deren Aufnahme und Wiedergabe und liegt in einem Verhältnis von etwa 100 000 : 1. Die Informationsaufnahme geschieht nicht passiv. Unsere Erfahrungen und Interessen bestimmen zum großen Teil, welche Stimulation wir wahrnehmen. Wir unterscheiden nach ihrer Wichtigkeit für uns und geben den Eindrücken einen Sinn. Über Gesten, Gesichtsausdruck und Sprache kann Information anderen Menschen mitgeteilt werden.

Der dritte Kreis umfasst die bei Menschen hoch entwickelten Möglichkeiten der Kommunikation. Die symbolische Darstellung der mündlichen Laute als Schriftbild vergrößert die Reichweite von Informationen enorm und macht es möglich, das Wissen an zukünftige Generationen weiterzugeben. Im weiteren Sinn zählen auch Musik, Tanz, Bildhauerei und Malerei zu den Ausdrucksmitteln, die Menschen zur Verfügung stehen.

Der vierte Kreis umfasst Emotionen und Gefühle. Jede Erfahrung, die wir machen, jedes Aneignen von neuem Wissen, ist mit Emotionen verbunden. Das Gehirn kann gar nicht anders. Emotionen können sich in körperlichen Reaktionen äußern, die von Außenstehenden beobachtet werden können. Der Anblick eines lange vermissten Freundes zaubert ein Lächeln ins Gesicht. Das Herz schlägt schneller. Freude schwingt in der Stimme mit. Emotionale Reaktionen gehören zum Temperament eines Menschen. Mit diesem Begriff bezeichnen wir die typischen Reaktionen einer Person auf unmittelbare Ereignisse: Freut sie sich beispielsweise auf Neues? Oder zieht sie sich eher davor zurück? Ist ihre erste Reaktion auf ein Ereignis eher positiv oder eher negativ?

Im Gegensatz zu den emotionalen Reaktionen können Gefühle weder gemessen noch von außen beobachtet werden. Sie stellen die persönliche Interpretation der Ereignisse und die sie begleitenden emotionalen Reaktionen dar. Sie sind privat. Die Gedanken eines Menschen kann ein Außenstehender höchstens erraten. Nicht einmal mit Hilfe der modernsten technischen Geräte könnte er sie „lesen“.

Das Gehirn verfügt über Systeme, die für Belohnung zuständig sind und die positiven Gefühle ermöglichen, die wir als „Genuss“ oder „Freude“ bezeichnen. Zu diesem Kreis gehört daher auch „Motivation“, die Kraft, die uns dazu treibt, eine Aktivität einer anderen vorzuziehen, und die uns die nötige Ausdauer dazu verleiht.

Der fünfte Kreis symbolisiert die Fähigkeit, Informationen zu speichern, wieder abzurufen und in neuen Situationen anzuwenden. Dank unseres Gehirns können wir aus unseren Erfahrungen lernen. Das Gehirn sammelt Erinnerungen, vergleicht sie mit neuen Situationen und integriert sie mit vorhandenem Wissen. Auch körperliche Fertigkeiten wie Schreiben, Tanzen, Klavierspielen werden erlernt und die dazu notwendigen Bewegungsmuster gespeichert.

Der sechste Kreis weist auf Eigenschaften hin, die zu den besonderen Fähigkeiten des menschlichen Gehirns gehören. Das Gehirn ist der Sitz der Fantasie, der Fähigkeit, unbekannte Welten hervorzuzaubern und neue Ideen in die Welt zu setzen. Die ungeheure Kapazität des Gehirns, Wissen und Erfahrungen anzusammeln und zu verarbeiten, ermöglicht die Bildung von Werten, also Maßstäben für die Beurteilung eigener Handlungen und der Handlungen anderer. Je nach Kultur und individuellen Lebenserfahrungen werden Werte aufgestellt, die Menschen als Leitlinien für ihre täglichen Entscheidungen und Handlungen dienen. Die Grundlage für das Handeln ist die individuelle Persönlichkeit, die aufgrund gesammelter Erfahrungen Entscheidungen trifft.

Der siebte Kreis schließlich steht für die Fähigkeit, auf Ereignisse in der Umwelt zu reagieren oder geplante Handlungen auszuführen.

Das menschliche Gehirn entwickelt sich nicht im Alleingang, sondern ist in besonderem Maße ein „soziales Gehirn“. Mehr als 50 Prozent der Aktivität eines Menschen findet im Umgang mit anderen Menschen statt. Signale werden an die Umgebung gesendet und von der Umgebung empfangen und erwidert. Auf diese Weise kann ein Mensch die Wirkung seiner Handlungen auf andere prüfen und von den Gedanken und Handlungen anderer Menschen profitieren. Die Teilnahme am sozialen Leben, ob im kleinen Rahmen der Zweierpartnerschaft oder auf dem großen Parkett der Weltpolitik, ist ein Urbedürfnis des Menschen und so lebensnotwendig wie Wasser oder Nahrung.

Das Gehirn übt nicht nur die in den Kreisen dargestellten Funktionen aus, sondern ist auch Voraussetzung dafür, dass wir den großen Fragen des Lebens nachgehen können: Wer bin ich? Wo ist mein Platz in dieser Welt? Soweit wir wissen, sind Menschen die einzigen Wesen, die sich solche Fragen stellen und Antworten darauf suchen. Derartige Überlegungen tauchen schon in der Kindheit auf, sie werden aber in jedem folgenden Lebensalter in vertiefter Weise verstanden und formuliert.

Jede Altersstufe hat eigene Kompetenzen und Grenzen

Jede Altersphase hat ihre spezielle Kombination von Stärken und Einschränkungen, die sich aus den Möglichkeiten der biologischen Reifung – im Zusammenhang mit entsprechenden Erfahrungen und der notwendigen Aktivität – ergeben. Unterschiedliche Voraussetzungen in Bezug auf Mobilität und geistige Fähigkeiten verändern konstant die Weisen, auf die Menschen Ereignisse in ihrer Welt wahrnehmen und versuchen, ihnen einen Sinn zu geben.

Neugeboren: Aus dem Mutterleib in eine ganz andere Welt

Während der neun Monate vor der Geburt wird ein Kind auf das Leben außerhalb des Mutterleibs vorbereitet. Schon früh bewegt es sich und erfährt die Stimulation seines Tastsinns, wenn es seinen Körper oder die Wand der Gebärmutter berührt. Ab der Schwangerschaftsmitte nimmt das Hörsystem des Fötus erste Reize auf. Die allerersten Fundamente fürs Lernen und die Bildung von Erinnerungen werden gelegt.

Schauen wir noch einmal auf das Kreisschema der Gehirnfunktionen, so findet die größte Aktivität in der Zeit vor und unmittelbar nach der Geburt in den beiden ersten Kreisen statt. Bei der Geburt müssen Systeme, die lebensnotwendige Funktionen aufrechterhalten, sofort startbereit sein. Beim ersten Schrei entfalten sich die Lungen und das Kind atmet. Darüber hinaus sind alle Sinne bereit, Signale aufzunehmen und zu verarbeiten, obwohl es Zeit braucht, bis sie sich auf die neuen Stimulationen eingestellt haben. Im Gehirn sind die Grundstrukturen vorhanden, die notwendig sind, um neue Eindrücke einzuordnen und zu speichern. Das Gehirn ist schon jetzt im Prinzip ein „soziales Gehirn“ und das Neugeborene vernimmt Signale seiner Mitmenschen und reagiert darauf. Es kann sein, dass es zu schreien beginnt, wenn es das Schreien eines anderen Kindes hört. Neugeborene versuchen, dem Gesicht der Mutter zu folgen, lassen sich durch ihre Stimme und sanftes Streicheln beruhigen. Auf diese Weise erfahren sie Geborgenheit und Vertrauen.

Dem Neugeborenen steht die ganze Welt offen. Doch sind seine Möglichkeiten noch enorm eingeschränkt: Es kann seine Muskeln nicht beherrschen, kann sich nicht selbstständig fortbewegen. Es kann sich noch nicht mittels Sprache ausdrücken. Es ist für die Befriedigung seiner Bedürfnisse auf andere Menschen angewiesen.

Die meisten der etwa 100 Milliarden Nervenzellen (Neuronen) werden schon vor der Geburt gebildet. Im Gegensatz zu anderen Körperzellen sterben sie nicht ab, um durch neue Zellen ersetzt zu werden, sondern die meisten von ihnen begleiten uns das ganze Leben lang. Die Hauptverbindungen zwischen den Hirnorganen sind ebenfalls schon vor der Geburt gelegt und die emsigen Nervenzellen senden und empfangen Impulse. Doch steht die komplexe Vernetzung erst am Anfang. Mit der Ankunft in seiner neuen Welt begegnet das Kind einer riesigen Menge neuer Eindrücke, welche die Entwicklung seines Gehirns vorantreiben.

Kindheit: Die Welt entdecken

Vom Moment der Geburt an beginnt der Säugling Objekte und Personen in seiner neuen Welt zu erkunden. Das Kleinkind lernt durch sein unermüdliches Spielen. Spielen und Lernen sind eins. Es lernt, seine Augen und Hände zu koordinieren, seine Glieder fließend zu bewegen. In den ersten Lebensmonaten ist das Hörsystem weiter entwickelt als das Sehsystem. Das Kind zeigt also zunächst größeres Interesse für Laute und Töne als für Bilder und Gegenstände.

Neben den ersten beiden im Gehirnschema dargestellten Kreisen nimmt nun der dritte an Bedeutung zu. Das Kind beginnt, Worte zu erkennen und zu benutzen, um sich auszudrücken. Dadurch wachsen seine Möglichkeiten, Beziehungen zu anderen Menschen aufzubauen und mit den Sitten, Werten und Gewohnheiten seines kulturellen Umfeldes vertraut zu werden.

Mit etwa anderthalb Jahren hat das Kind ein Selbst entwickelt, empfindet sich also als eigenständige Person. Es freut sich beispielsweise über seine eigenen Leistungen oder zeigt Reue, wenn es seine Kleider schmutzig gemacht hat. Gleichzeitig beginnt es, Empathie zu entwickeln, einen Sinn für die Gefühle und Absichten anderer Menschen. Es versucht zu helfen und zu trösten. Es erfindet Geschichten, die es im Rollenspiel ausprobiert.

Mit fünf Jahren zeigt ein Kind ein enormes Potential an Entdeckungs- und Unternehmungslust. Es beginnt, das Prinzip der Kausalität zu erfassen und stellt eine Menge Fragen – auch die großen Fragen, mit denen sich Dichter und Denker seit Jahrtausenden beschäftigen. Doch unterliegen seine Denkweisen Einschränkungen. Es gibt sich oft mit einfachen, stereotypen Antworten zufrieden. Sein Mangel an Erfahrungen setzt ihm erhebliche Grenzen.

Die ersten Jahre der Kindheit sind eine Zeit intensiver Hirnentwicklung. Die Nervenzellen knüpfen aufgrund der Vielfalt der neuen Eindrücke eine riesige Anzahl von Kontakten (Synapsen; siehe Anhang, Seite 179f.). Diese Periode wird als „Blühen“ bezeichnet, weil während dieser Zeit viel mehr Synapsen geknüpft werden als abgebaut. Auf das „Blühen“ folgt das „Stutzen“: Die Kontakte, die häufig benutzt werden, bleiben bestehen, während die überschüssigen, unbenutzten Kontakte abgebaut werden. Das Stutzen ist eine sehr wichtige Phase, denn es beinhaltet eine Konsolidierung des Erlernten, indem wichtige, häufig gebrauchte Synapsen verstärkt werden. Diese Phase beginnt etwa um das achte Lebensjahr herum und dauert bis zum Ende der Adoleszenz.

Doch auch nach diesen beiden Hauptphasen der Hirnentwicklung werden Kontakte zwischen den Nervenzellen ständig auf- und abgebaut. Dabei verändern sich die Feinstrukturen des Gehirns. Das Gehirn bleibt „plastisch“, also formbar. Es nimmt neue Informationen auf und lernt, mit unbekannten Situationen umzugehen. Durch die ständige Interaktion von Reifungsprozessen und Erfahrungen schreitet die Hirnentwicklung stetig fort.

Damit die Übermittlung der Signale im Nervensystem schnell und störungsfrei stattfindet, sind die meisten langen Fortsätze der Nervenzellen (Axone) von einer Isolierschicht (Myelin) umgeben, welche eine Leitgeschwindigkeit von etwa 20–60 Meter pro Sekunde ermöglicht. Dies ist enorm wichtig, denn Axone müssen Signale über Distanzen von 0,1 Millimeter bis zwei Meter transportieren. Aktivität regt spezielle Zellen an, Myelin zu bilden. Die intensivste Phase der Myelinbildung findet zwischen der Geburt und dem Ende der Adoleszenz statt. Durch die Herstellung von neuen Kontakten zwischen den Nervenzellen und durch die Bildung von Myelin wird das Gehirn zunehmend vernetzt.

Adoleszenz: „Sturm und Drang"

„Goethe verursacht hier einen großen Umsturz. Wenn er auch wieder Ordnung machen kann, umso besser für sein Genie. Sicherlich ist seine Meinung gut, aber zu große Jugend und zu geringe Erfahrung. – Doch warten wir das Ende ab!“

Frau von Stein an Zimmermann, Weimar, den 10. Mai 1776 [1]

Goethe war gerade 27 Jahre alt, als er in Weimar für großen Tumult sorgte. Bei ihm war alles „Sturm und Drang“; er wurde hauptsächlich von Gefühlen, von Impulsen, geleitet und nicht von Reflektion. Es ist das Privileg der Jugend, bestehende Denkweisen und vorhandene Traditionen in Frage zu stellen. Jugendliche wol-

[1] Aus: Goethe erzählt sein Leben, Frankfurt a. M. (S. Fischer Verlag) 1961.

len ihre neue Freiheit auskosten, ihre Sinne suchen neue Stimulationen, sie probieren neue Gedanken aus. Was körperliche Kräfte angeht, sind sie auf ihrem Höhepunkt. In allen sieben Kreisen des Hirnschemas zeigen sie hohe Aktivität. Sie haben eine unerhörte Fähigkeit, Neues zu lernen und sich neue Denkweisen anzueignen. Doch in ihrem kritischen Denkvermögen bleiben sie wegen ihres Mangels an Erfahrung immer noch beschränkt. Ihr Gehirn ist noch nicht ausgereift. Es ist, als ob sie plötzlich eine Turbomaschine zu lenken bekommen hätten, ohne die dazu notwendigen Vorkenntnisse und Erfahrungen zu besitzen.

Im Gehirn des Adoleszenten findet eine „stürmische" Entwicklung statt. Überschüssige Kontakte zwischen den Nervenzellen werden abgebaut, während häufig benutzte Verbindungen verstärkt werden. Es ist eine unerhört fruchtbare Zeit zum Lernen. Mit dem Ende der Adoleszenz bleibt die Synapsenzahl bis ins hohe Alter mehr oder weniger konstant. Das heißt, es werden ungefähr so viele Synapsen gebildet wie abgebaut. Die Verbindungen zwischen den verschiedenen Hirnarealen und zwischen den beiden Gehirnhälften (Hemisphären) werden während der Adoleszenz durch den rapiden Aufbau des Myelins verstärkt.

Es ist interessant, dass gerade während der Adoleszenz eine besondere Art Nervenzelle in großer Zahl erscheint. Diese Zellen, die nur beim Menschen und beim Menschenaffen festgestellt worden sind, weisen eine besonders lange Entwicklungszeit auf. Sie werden im Erwachsenenalter immer dichter und wachsen wahrscheinlich sogar im hohen Alter weiter. Diese Neuronen befinden sich hauptsächlich im Assoziationskortex und im Hippocampus, also in Teilen des Gehirns, die für die Weiterverarbeitung von Erinnerungen und komplexen Assoziationen zuständig sind.

Erwachsen: Die große Verantwortung

Bezogen auf das Kreisschema des Gehirns ist der Hauptunterschied zwischen Adoleszenz und Erwachsenenalter eine allgemeine Vertiefung und Vernetzung. Wissen und Erfahrung werden immer wichtiger. Ein Phänomen, das beim Übergang vom Jugend-

zum Erwachsenenalter beobachtet wird, ist die zunehmende Fähigkeit, mehrere Faktoren gleichzeitig in Betracht zu ziehen und dabei Fakten und Gefühle zu berücksichtigen. Forscher, die diese Entwicklung untersucht haben, stellten fest, dass die Fähigkeit zum abwägenden Urteilen erst im Alter von etwa dreißig Jahren zur Entfaltung kommt. Dabei spielen sowohl Reifungsprozesse wie auch aktuelle Anforderungen des Alltags und Übung im kritischen Denken eine Rolle. Die Fähigkeit zum abwägenden Urteilen durchläuft in unterschiedlichen Teilen der westlichen Welt – also beispielsweise in den USA und in Deutschland – eine ähnliche Entwicklung. Die Entwicklung ist auch vergleichbar bei Studenten und bei jungen Menschen in nicht-akademischen Berufen.

Mit dem Ende der Adoleszenz findet eine Verschiebung der Prioritäten und Hauptinteressen statt. Erwachsene können Chancen und Risiken besser wahrnehmen und die Konsequenzen ihres Handelns oder Nicht-Handelns besser voraussehen. Die Verantwortung für andere Personen wächst. Dies kann im Rahmen der eigenen Partnerschaft oder Familie geschehen, aber auch im beruflichen Umfeld oder, noch weiter gefasst, in Politik und Gesellschaft. Die eigene Persönlichkeit wird durch selbst gesetzte Ziele und das Gefühl der Kompetenz definiert. Die Bestätigung, dass man eine Tätigkeit ausübt, die von den Mitmenschen anerkannt wird, nimmt an Wichtigkeit zu.

Untersuchungen haben gezeigt, dass die Lebensweise im mittleren Alter einen Einfluss auf die Stärke des Durchhaltevermögens im Alter hat. In einer Studie wurde auf der Basis von Aussagen von Verwandten und Freunden das Durchhaltevermögen von 70- bis 80-jährigen Menschen festgestellt. Ein hohes Durchhaltevermögen wurde als eines definiert, das über dem Medianwert liegt und ein niedriges Durchhaltevermögen als eines, das deutlich unter dem Medianwert liegt. Die Verwandten und Freunde wurden wiederum gebeten, die Lebensweise der älteren Menschen im Alter von 30 bis 50 Jahren mittels eines Fragebogens zu charakterisieren. Die Resultate der zwei Befragungen zeigten bedeutende Unterschiede zwischen den zwei Gruppen. Die 70- bis 80-Jährigen mit einem hohen Durchhaltevermögen waren im mittleren Alter auf vielen Gebieten aktiver als ihre Alterskollegen mit niedrigem Durchhaltevermögen. Sie haben Weiterbildung betrieben, viel gelesen, Museen und Ausstellungen besucht, Kontakte zu Gleichaltrigen und zu Menschen anderer Altersgruppen gepflegt. Ein sehr bedeutsames Merkmal der Menschen mit hohem Durchhaltewillen war ihre viel größere Bereitschaft, nach Informationen zu suchen, um ein Problem zu lösen. Wichtig war auch der Einsatz von Problemlösungsstrategien wie etwa: sich auf lösbare Probleme konzentrieren, Hilfsmittel einsetzen, eine Fertigkeit intensiv trainieren.

Des Weiteren wirkte sich die Lebensauffassung im mittleren Lebensalter positiv auf das Alter aus, wenn Wechsel im Lebenslauf als unvermeidbar akzeptiert und als Herausforderungen betrachtet wurden, die bewältigt werden konnten. Andere Faktoren, die einen Einfluss auf das Durchhaltevermögen hatten, waren der Wunsch, 100 Jahre alt zu werden, die Ansicht, dass „das Alter" erst später beginnt und ein fester Glaube an eine höhere Macht.

Mit dem Erreichen des Erwachsenenalters ist im Gehirn ein Netzwerk von unvorstellbarer Komplexität entstanden, das im ganzen Universum seinesgleichen sucht. Die hundert Milliarden Nervenzellen – halb so viele wie Sterne im Milchstraßensystem – sind durch bis zu 20 000 Synapsen mit anderen Nervenzellen verbunden (vgl. dazu Anhang, Seite 179 f.). Wenn alle Verbindungsstücke aneinander gereiht würden, wäre diese Kette 180 000 km lang und würde mehr als viermal um den Äquator reichen. Jedes Neuron wird von etwa zehn Gliazellen umgeben, die für die komplexen Funktionen der Nervenzelle absolut notwendig sind. Also haben wir sogar mehr Zellen im Gehirn als es Sterne in der Milchstraße gibt. Die Gliazellen liefern den Neuronen die notwendige Energie und führen Abfallprodukte ab. Aber das ist nicht alles. Die neuere Forschung befreit die Gliazellen aus ihrem Schattendasein und betont die Bedeutung ihrer Leistungen für das Denken, Erinnern, Lernen und die Verarbeitung von Gefühlen. Es mag kein Zufall sein, dass in der präfrontalen Hirnrinde von Albert Einstein besonders viele Gliazellen gefunden wurden.

Eine wichtige Phase der Hirnentwicklung findet erst zwischen 30 und 60 Jahren statt. Während dieser Zeit werden Strukturen, die sehr früh in der Evolution erschienen sind, mit der Hirnrinde, die sich erst später entwickelt hat, dank intensiver Myelinbildung stärker miteinander verbunden. Zwar sind die verschiedenen Hirnareale bereits optimal vernetzt, die Verbindungen zwischen den beiden Hirnhälften vollendet und die Zentren im Frontalhirn, die für Entscheidungen und rationales Denken zuständig sind, voll ausgebildet. Doch wird nun noch die Verbindung in die Tiefe verstärkt – zum limbischen System, das emotionale Reaktionen auslöst. Dies ist eine Voraussetzung für das intensivere Integrieren von Wissen und Fühlen aufgrund von Erfahrungen und könnte eine neurale Basis sein für das, was wir „Weisheit“ nennen.

Im Frontalhirn, dem Gebiet unseres Gehirns, das besonders aktiv ist, wenn wir verschiedene Möglichkeiten abwägen und Entscheidungen zu treffen haben, bleibt die Anzahl der Kontakte zwischen den Nervenzellen zwischen 16 und 72 Jahren konstant; zwischen 72 und 90 Jahren nimmt sie im gesunden Altern lediglich um ungefähr 10 Prozent ab.

Auch im Erwachsenalter behält das Gehirn seine Plastizität. Das heißt, es wird weiter durch Erfahrungen geformt. In einer Studie wurden Personen, die dabei waren, die Blindenschrift zu erlernen, mit bildgebenden Mitteln untersucht. Bei diesen Menschen hat sich die Hirnregion, die für den Tastsinn der Fingerspitzen verantwortlich ist, nach einigen Übungstagen vergrößert. Nach einer Lernpause von einigen Tagen schrumpfte die Region jedoch auf ihre ursprüngliche Ausbreitung zurück. Dies zeigt, wie dynamisch das Gehirn auf Veränderungen der Aktivität reagiert. Bei Fertigkeiten, die noch nicht durch längere Übung gefestigt sind, bedeutet eine Lernpause eine Verkleinerung des aktivierten Hirngebiets.

Die Plastizität des Gehirns ist die Basis für Rehabilitation nach Hirnverletzungen durch Unfälle oder einer Hirnschädigung nach einem Hirnschlag. Mit der Zeit können nicht beschädigte Areale mittels intensiven Trainings die Funktionen des zerstörten Areals zum Teil übernehmen.

Alter: Erfahrung und Besinnlichkeit

Genau wie die vorangehenden Lebensabschnitte besteht das Alter aus einer Kombination von Kompetenzen und Einschränkungen. Die Tatsachen, dass es Wettrennen für 100-Jährige gibt und dass der Schweizer Bergführer Ulrich Inderbinen sein geliebtes Matterhorn im Alter von 90 Jahren erklomm, können nicht darüber hinwegtäuschen, dass das Altern mit einem allgemeinen Verlust von Mobilität verbunden ist. Auch die Sinnesleistungen lassen nach. Denkprozesse nehmen mehr Zeit in Anspruch, man lernt nicht so schnell wie früher. Gleichzeitig aber öffnen gesammelte Lebenserfahrungen und die Fähigkeit zum lebenslangen Lernen Möglichkeiten zur Kompensation und zu einer erweiterten und vertieften Denkweise, die als „Weisheit" bezeichnet wird.

Um das Alter zu verstehen und seine Möglichkeiten auszuschöpfen, ist eine Bestandsaufnahme hilfreich: Was bleibt bestehen, was verändert sich? Im ersten Kreis unseres Schemas über die Leistungen des Gehirns nehmen die Funktionen ab: Kreislauf, Atmung, Verdauungsprozesse, Infektabwehr, Mobilität. Im zweiten Kreis sind Prozesse unterschiedlich betroffen. Die Informationsaufnahme ist ohne kompensatorische Maßnahmen wie Brille, Staroperation, Hörgerät herabgesetzt. Die Verarbeitung der eintreffenden Information wird zwar verlangsamt, bleibt jedoch weitgehend intakt. Im Kreis der Sprache und Kommunikation steigern sich die Fähigkeiten bis ins hohe Alter. Die Zunahme an Erfahrungen mit anderen Menschen im kulturellen Umfeld ermöglicht eine gesteigerte Fähigkeit, sich in andere Menschen hineinzuversetzen und sich auszudrücken.

Emotionalität und Temperament bleiben größtenteils erhalten. Menschen, die Wärme und Mitgefühl ausstrahlen, behalten diese Eigenschaft ihr Leben lang. Menschen, die schnell aufbrausen und sich über kleine Missgeschicke im Alltag ärgern, tendieren dazu, weiterhin mit Ungeduld darauf zu reagieren.

Lernprozesse sind im Alter unterschiedlich betroffen. Das Arbeitsgedächtnis, das Information bereithält, während sie benutzt oder gespeichert wird, verliert an Leistungsfähigkeit. Es dauert länger, um Fakten zu lernen oder Fertigkeiten zu erwerben. Doch können Erinnerungen lange im Gedächtnis bleiben, wenn sie einmal richtig gespeichert sind. Die im sechsten Kreis dargestellten Fähigkeiten bleiben erhalten. Man orientiert sich an Werten, die man sich im Verlauf des Lebens angeeignet hat, und die Fantasie ist unbeeinträchtigt.

Kreativität ist eine Grundfähigkeit des Menschen, die keinesfalls nur jüngeren Menschen vorbehalten ist. Es gibt viele Beispiele von Menschen, deren Schöpfungskraft im höheren Alter nicht nachgelassen hat. Goethe hat den zweiten Teil seines „Faust" kurz vor seinem Tod mit 83 Jahren vollendet. Kant gab seine „Kritik der praktischen Vernunft" im Alter von 64 Jahren heraus und weitere bedeutende Schriften bis zum Alter von 79 Jahren. Es ist auffallend, dass er mit den Jahren nicht konservativer wurde, sondern radikaler, und er verfolgte die Ereignisse der Französischen Revolution mit großem Interesse.

Die Persönlichkeit entwickelt sich dank immer neuer Erfahrungen bis ans Lebensende. Handlungsmöglichkeiten sind im Alter unter Umständen wegen körperlicher Behinderungen eingeschränkt. Dafür fühlen sich viele ältere Menschen von früheren Erwartungen und Konventionen befreit. Sie handeln nach ihren eigenen Grundsätzen. Sie sprechen ihre Meinung offen aus.

Ältere Menschen haben etwas, was die Jugend nicht haben kann: einen unermesslichen Erfahrungsschatz. Dazu gehören die lebenslange Zunahme der sprachlichen Fähigkeiten, die erweiterten Möglichkeiten, Gefühl und Wissen in Einklang zu bringen und die täglichen Auseinandersetzungen mit anderen Menschen und ihren Ideen und Ansichten. Daraus erwächst die Voraussetzung für eine umfassende, abwägende Urteilsfähigkeit, die zum Begriff der Weisheit gehört.

Viele ältere Menschen empfinden das Alter als Bereicherung, weil sie in dieser Lebensphase erstmals Zeit finden, sich intensiver mit ihrer Umwelt und mit den großen Fragen des Lebens zu beschäftigen. Der Cellist Pablo Casals (1876–1973) sprach seine Begeisterung für das Leben aus:

„Ich bin jetzt über 93 Jahre alt, also nicht gerade jung. Jedenfalls nicht so jung, wie ich mit 90 war. Aber Alter ist überhaupt etwas Relatives. Wenn man weiter arbeitet und empfänglich bleibt für die Schönheit der Welt, die uns umgibt, dann entdeckt man, dass Alter nicht notwendigerweise Altern bedeutet, wenigstens nicht im landläufigen Sinne. Ich empfinde heute viele Dinge intensiver als je zuvor und das Leben fasziniert mich immer mehr."

Das Gehirn im Alter

Jedes Altern hat einen sehr individuellen Verlauf, beeinflusst zum Teil durch die genetische Anlage, zum Teil durch individuelle Lebensumstände und Erfahrungen. Doch finden im ganzen Körper allgemeine biologische Altersprozesse statt, die – weil das Gehirn Teil des Körpers ist und immer mit dem Körper zusammenarbeitet – auch Auswirkungen auf Hirnleistungen haben.

Die moderne Neurowissenschaft hat nachgewiesen, dass beim üblichen Altern nur rund 10 Prozent der Nervenzellen im Gehirn im Verlauf des Lebens verloren gehen. Ganze 90 Prozent der Nervenzellen bleiben bis ans Lebensende erhalten. Beim krankhaften Altern stirbt unter Umständen eine große Anzahl Nervenzellen in einem speziellen Gebiet des Gehirns ab. Dies kann gravierende Folgen haben wie zum Beispiel bei der Alzheimer- und der Parkinsonkrankheit.

Hirnvolumen und -gewicht nehmen im Alter ab, teilweise bedingt durch Wasserverlust. Ein weiterer Faktor ist die Abnahme des Myelins, der Isolierschicht um die Nervenfasern. Wenn Myelin fehlt, werden Impulse langsamer weitergeleitet. Die Abnahme von Myelin ist einer der Gründe für eine Verlangsamung der Bewegungen und Denkprozesse. Es ist aber tröstlich, dass der Myelinabbau hauptsächlich die kurzen Fasern im Gehirn betrifft. Diese spielen zwar eine Rolle bei der schnellen Verarbeitung von Sinnesinformation. Doch die langen Fasern, die verschiedene Hirngebiete miteinander verbinden und hauptsächlich für Assoziationen verantwortlich sind, sind weniger betroffen. Logisches Denken und

Sprachfähigkeiten bleiben daher zum großen Teil unbeeinträchtigt.

Eine der besten Nachrichten aus der Hirnforschung der letzten Jahre ist die Entdeckung, dass das Gehirn seine Plastizität bis ans Lebensende behält. Auch wenn die Aktivität der Nervenzellen verlangsamt ist, führen körperliche und geistige Aktivität dazu, dass die Nervenzellen neue Kontakte knüpfen. Damit ist neues Lernen immer möglich.

Wie in jeder anderen Lebensphase zeigen sich auch im Alter sowohl Fähigkeiten wie auch Einschränkungen. Während die Geschwindigkeit der Informationsaufnahme deutlich abnimmt, nehmen sprachliche Fähigkeiten und Kenntnisse der kulturellen Umgebung zu. Die stetig wachsende Lebenserfahrung ist eine wichtige Ressource, aus der ältere Menschen schöpfen können. Lebensfreude und Kreativität können sich lebenslang erhalten und der Mensch bleibt – auch im hohen Alter – fähig, Neues zu lernen.

Kapitel 2

Jeder Mensch ist einmalig

Jahrelang telefonierte ich regelmäßig mit einer Freundin, die mittlerweile das Alter von 85 Jahren erreicht hatte. Obwohl ein leichtes Zittern in ihrer Stimme nicht zu überhören war, klang diese stets warm und freundlich, als ob meine Freundin sich gerade auf diesen Anruf gefreut hätte. Auf die Frage, wie es ihr gehe, antwortete sie stets mit einem Seufzer und einem Lächeln in der Stimme. Sie genieße die Aussicht aus dem Fenster aufs offene Meer, sagte sie dann oft. Lebhaft stellte sie Fragen nach unserer Arbeit, unseren Kindern, besprach neueste Ereignisse in der Kunstszene oder in der Politik. Man wäre nie auf den Gedanken gekommen, dass sie vor einigen Jahren ihren Mann verloren hatte, dass Arthritis ihre Hände unbrauchbar gemacht hatte, dass unzählige schmerzhafte Krebsbehandlungen ihren Körper geschwächt hatten.

Wie ist es möglich, dass einige Menschen immer das Positive im Leben suchen und finden, während andere trotz guter Gesundheit, einer liebevollen familiären Umgebung und unbelasteten finanziellen Verhältnissen so leben, als ginge es mit ihnen ständig bergab? Warum zeigen einige Menschen Durchhaltewillen, Initiative und Erfindungsgeist, während andere alles passiv erdulden oder sich ständig in Zorn dagegen auflehnen?

Menschen wie die 85-jährige Dame am Meer haben im Verlauf ihres Lebens innere Stärken entwickelt, die ihnen die Kraft geben, harte Schicksalsschläge zu bewältigen und aus dem Leben Positives zu gewinnen. Im Verlauf ihres Lebens haben sie sich Einstellungen und Verhaltensweisen angeeignet, die sie dabei unterstützen. Ihre Persönlichkeit – die Summe der Eigenschaften eines

Menschen, die sein individuelles Verhalten und Erleben bestimmen – beeinflusst die Strategien, die sie einsetzen, um ihr Leben zu gestalten, und dies gilt auch im Alter.

Zum Teil sind die guten Voraussetzungen für den unerschütterlichen Optimismus dieser Menschen angeboren. Dies heißt aber nicht, dass andere Menschen nichts unternehmen können, um ihre Chancen für ein erfülltes Leben zu verbessern. Wer sich selbst kennt und besser versteht und weiß, dass neue Erfahrungen und Erkenntnisse durch das gesamte Leben hindurch einen Einfluss ausüben können, hat mehr Möglichkeiten, innere Stärken zu mobilisieren und positive Lebensstrategien zu entwickeln. Diese haben einen direkten Einfluss auf Gesundheit und Lebensqualität.

Die Entwicklung der Persönlichkeit

Wer weiß, wie Mozart oder Schiller sich entwickelt hätten, wenn sie im 20. Jahrhundert auf die Welt gekommen wären? Oder Sie selbst, wenn Sie im 18. Jahrhundert gelebt hätten? Jeder Mensch wird in einen bestimmten historischen Zeitraum und ein bestimmtes geographisches Umfeld hineingeboren. Die jeweilige Kultur und der sozioökonomische Lebensraum üben ihren Einfluss aus. Auch das Geschlecht oder die Position in der Geburtsfolge der Geschwister können eine Rolle spielen. Eltern behandeln – meist unbewusst – Mädchen und Jungen unterschiedlich. Ein Mädchen bekommt eher eine Puppe zum Geburtstag, während sein Bruder einen Helikopter oder Lastwagen bekommt. Ob man beispielsweise als erstes Kind, Einzelkind, Zwilling oder letztes Kind von insgesamt zwölf geboren wird, hat eine Wirkung auf die Beziehungen zu den übrigen Familienmitgliedern und auf die Unterstützung, die man durch die Eltern erhält. Vom ältesten Kind werden beispielsweise eventuell mehr Verantwortungsgefühl oder bessere Schulleistungen erwartet als von den jüngeren Geschwistern.

Der Einfluss von Eltern und anderen Vorbildern, wie Lehrern und Freunden, ist ebenfalls beträchtlich. Oft ist es eine Zufallsbegegnung, die zu einem kritischen Zeitpunkt stattfindet, die darüber entscheidet, welchen Weg ein junger Mensch einschlägt.

Auch wenn wir alle Mitglieder der Spezies homo sapiens sind, ist jeder Mensch ein Unikat. Die menschliche Persönlichkeit ist das Resultat einer lebenslangen Wechselwirkung von genetischer Anlage und Umwelt. Und diese sind für jeden Menschen individuell. Auch bei eineiigen Zwillingen, die die gleiche genetische Anlage haben, ist die Umwelt nicht die gleiche, weil sie nicht genau gleich wahrgenommen wird. Von frühester Kindheit an verarbeitet ein Mensch Ereignisse in seinem Leben auf eine ganz persönliche, individuelle Weise. Das Ereignis wird zum persönlichen „Erlebnis". Damit ist jedes Gehirn und jeder Mensch einmalig. Sie können gewiss sein, dass es nie ein solches Gehirn wie das Ihre gegeben hat und dass es nie wieder ein solches geben wird.

Diese Einzigartigkeit der menschlichen Persönlichkeit könnte eine Grundlage für den Begriff der Seele bilden. Die Seele umfasst das gesamte Fühlen, Denken, Erleben und Handeln eines Menschen. Aber in Bezug auf Fragen wie „Wo befindet sich die Seele?" und „Besteht sie nach dem Tod des Körpers weiter?" steht die Hirnforschung – wie jeder einzelne Mensch – vor einem großen Geheimnis. Es hat keinen Sinn, wie der Würzburger Pathologe Rudolf Virchow (1821–1902) zu behaupten: „Ich habe Tausende von Leichen seziert, aber keine Seele darin gefunden." Die Seele ist nicht etwas, was man anatomisch sezieren kann. Sie entzieht sich biologischen Beweisen. Ob sie nach dem Tod besteht, ist schlussendlich nicht eine Frage der Naturwissenschaft, sondern eine des Glaubens.

Temperament

Seit Jahrtausenden haben Menschen beobachtet, dass andere Menschen unterschiedlich auf das gleiche Ereignis reagieren. Sehr früh wurden vier Typen unterschieden, deren charakteristische Merkmale man auf unterschiedliche „Lebenssäfte" zurückführte. Der Sanguiniker war stets optimistisch und guter Laune, der Choleriker neigte zu Wutausbrüchen, der Phlegmatiker war selten aus der Ruhe zu bringen und der Melancholiker litt unter einem düsteren Weltbild.

Die moderne Forschung versucht, die verschiedenen charakteristischen Reaktionsweisen exakter zu formulieren und den Fragen nachzugehen, inwieweit sie angeboren sind und wie sie im Verlauf des Lebens beeinflusst werden. Man unterscheidet zwischen „Charakter“, der hauptsächlich die bewussten Denk- und Handlungsweisen umfasst, und „Temperament“, das sich auf die unmittelbaren emotionalen Reaktionen auf eine Situation bezieht. Zwei Grundzüge des Temperaments sind Introvertiertheit und Extravertiertheit. Wenn diese Persönlichkeitsmerkmale in Längsschnittstudien verfolgt werden, stellen Forscher fest, dass sie relativ stabil sind. Ein Mensch, der als Kind besonders schüchtern und zurückgezogen war, wird später selten ein Salonlöwe. Er kann aber seine Schüchternheit zum großen Teil überwinden. Je nach Temperament wird eine Person dazu neigen, eher das Positive oder das

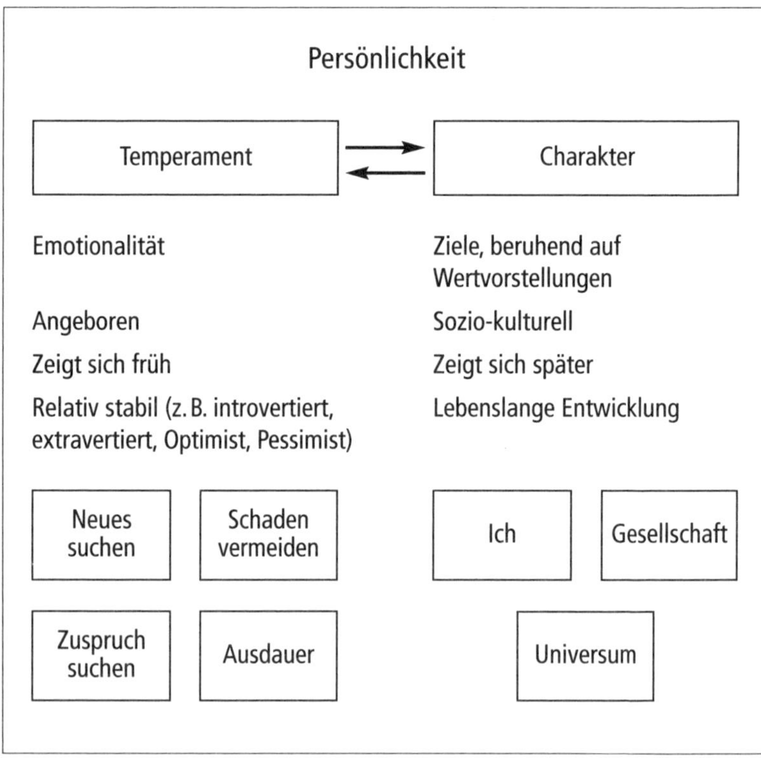

Negative zu sehen. Das Glas wird eher als „halb voll“ oder eher als „halb leer“ wahrgenommen.

Als weitere Merkmale des Temperaments wurden Faszination durch Neues, das Bestreben, Schaden zu vermeiden, Ausdauer und das Bedürfnis nach Bestätigung oder Zuspruch vorgeschlagen. Diese und noch genauere Definitionen von Temperamentsmerkmalen helfen Wissenschaftlern, das Phänomen der unterschiedlichen menschlichen Reaktionsweisen besser zu verstehen.

Viele Temperamentszüge können schon in der Kindheit beobachtet werden. Die vorherrschende Stimmung eines Kindes kann positiv oder negativ sein. Es kann mehr oder weniger Ausdauer zeigen. Einige Kinder suchen und genießen den Kontakt mit Gleichaltrigen, andere ziehen sich eher zurück und spielen lieber allein. Es gibt Kinder, die ihren Impulsen ständig nachgeben und andere Kinder, die fähig sind, Impulsen, wenn nötig, zu widerstehen oder die Erfüllung ihrer Wünsche hinauszuschieben. Manche Kinder zeigen ein ausgesprochenes Einfühlungsvermögen und spontane Hilfsbereitschaft.

Unser Temperament hat eine biologische Grundlage. Menschen, die dazu neigen, negativ auf Situationen zu reagieren, zeigen vermehrte Aktivität in der rechten Hälfte des Stirnhirns. Solche, die positiv reagieren, zeigen vermehrte Aktivität in der linken Stirnhirnhälfte. Verschiedene Neurotransmitter werden ebenfalls mit Temperamentsmerkmalen in Verbindung gebracht. Hohe Risikobereitschaft findet man zum Beispiel häufig bei Menschen mit tiefem Serotoninstoffwechsel. Menschen mit tiefem Serotoninspiegel zeigen häufig auch eine verminderte Impulskontrolle und erhöhte Aggressivität. Ein hoher Serotoninspiegel dagegen wird vermehrt bei Menschen festgestellt, die ihre Impulse besser unter Kontrolle haben und weniger Aggressivität zeigen. Ein hoher Dopaminstoffwechsel wird in Zusammenhang gebracht mit einer ausgesprochenen Tendenz, nach neuen Stimulationen zu suchen.

Wenn das Temperament biologische Grundlagen hat, drängt sich natürlich die Frage auf, ob man seinem Temperament hilflos ausgeliefert ist. Kann man etwas dagegen unternehmen, wenn man rascher als andere Angst bekommt oder wenn man alles viel schwerer nimmt, häufig unter Schuldgefühlen leidet und eine Tendenz zum Verzweifeln zeigt? Eine starke Hilfe ist die Erkenntnis, dass nicht das Ereignis an sich die Ursache der Unsicherheit und Hilflosigkeit ist, sondern die Neigung, die man selbst hat, auf das Ereignis primär mit Angst und Hilflosigkeit zu reagieren. Es geht nicht um das Ereignis, sondern um das persönliche Erlebnis. Oder, in den Worten von Marie von Ebner Eschenbach: „Nicht was wir erleben, sondern wie wir empfinden, was wir erleben, macht unser Schicksal aus."

Das Bewusstwerden der Zusammenhänge zwischen Ereignis und Erlebnis ist ein erster, wichtiger Schritt, um Probleme positiv anzugehen. Wenn man die eigene Persönlichkeit besser kennt, wird man offener für neue Erfahrungen, die einen Einfluss auf das Temperament haben können. Vielleicht gehören Sie zu der großen Gruppe der Menschen, die nicht gern vor einem Publikum reden. Wenn Sie aber mehrere Kurzvorträge halten und dabei Erfolg haben, werden Sie ermuntert, ihre Schüchternheit zu überwinden. Wenn Sie feststellen, dass Sie dazu neigen, alles mit getrübtem Blick zu sehen, realisieren Sie, dass auch andere, positive Perspektiven möglich sind.

Charakter

Im Gegensatz zum Temperament umfasst der Begriff „Charakter" hauptsächlich die bewussten persönlichen Ziele und Werte, die man sich im Verlaufe des Lebens angeeignet hat. Charakter entsteht durch das ständige Zusammenwirken von Temperament einerseits und Erfahrungen mit äußeren Lebensumständen andererseits. Idole werden gesucht und imitiert, man muss sich mit neuen Ideen auseinander setzen, Erfolge und Niederlagen müssen verarbeitet werden. Langsam baut sich ein System von internen Regeln und Erwartungen auf, die das Verhalten beeinflussen. Der Begriff „Charakter" beinhaltet auch die Einstellung zum Ich, zur Gesellschaft und zum Universum. Neigt eine Person dazu, nur eigene Interessen zu verfolgen oder legt sie Wert auf Zusammenarbeit und Mitverantwortung? Empfindet sie das Leben als Chaos oder sucht sie nach Prinzipien, die dem Leben einen Sinn geben? Charaktereigenschaften sind nicht schon bei der Geburt vorhanden, sondern sie entwickeln sich aus den ständigen Auseinandersetzungen mit neuen Erfahrungen.

Langzeitstudien haben gezeigt, dass sich wichtige Aspekte des Charakters, die sich schon in der Adoleszenz zeigen, im Erwachsenenalter weiter entfalten. Zwischen 22 und 55 Jahren zum Beispiel zeigen Menschen eine Tendenz, ihre Zielsetzungen klarer zu formulieren und konsequenter zu verfolgen. Innere Bilder und Überzeugungen decken sich vermehrt mit der eigenen Lebensführung. Ältere Menschen praktizieren häufiger das, was sie für richtig halten (Kongruenz). Sie zeigen, wahrscheinlich aufgrund ihrer Lebenserfahrungen, mehr Mitgefühl und Hilfsbereitschaft. Spirituelle Werte nehmen zu. Interessanterweise fragen sich viele Menschen im Alter von 40 bis 50 Jahren, ob sie die Ziele, die sie sich in der Jugend gesetzt haben, erreicht haben oder ob sie auf dem richtigen Weg dazu sind – eine Art „Midlife Crisis". Allerdings lösen sich diese Selbstzweifel in den folgenden Jahren allmählich auf.

Gewisse Eigenschaften zeigen im Verlauf des Lebens eine generelle Entwicklungstendenz, und dies auch in verschiedenen Kulturen. Untersuchungen in Deutschland, Großbritannien, Spanien, Tschechien und der Türkei zeigten, dass emotionale Labilität, Extraversion und Offenheit gegenüber neuen Situationen am ausgeprägtesten in der Adoleszenz oder im jungen Erwachsenenalter sind. Gewissenhaftigkeit und Entgegenkommen nehmen im Alter zu.

Interessante Unterschiede gibt es zwischen Männern und Frauen in Bezug auf ihre Selbsteinschätzung von Charaktereigenschaften. Frauen bezeichnen sich selbst als emotional eher labil und eher offen für Gefühle als Männer, während Männer sich eher als offen für Ideen betrachten. Überraschenderweise empfinden Männer und Frauen diese Unterschiede am stärksten in Ländern, in denen die traditionellen Geschlechterrollen heute kaum noch vorhanden sind.

Optimisten leben besser – und länger

„Ich finde, wenn man ein bestimmtes Alter erreicht hat – also mein Alter – dann ist der Tod nichts Fremdes, weil er jeden Tag und jede Nacht kommen kann. Und er ist nichts Schlimmes. Das Leben ist manchmal noch schlimmer."

Inge Meysel, deutsche Schauspielerin, in einem Fernsehinterview kurz vor ihrem Tod mit 94 Jahren (2004)

Die deutsche Schauspielerin Inge Meysel kann beispielhaft stehen für eine Frau im hohen Alter, die im Leben viele Schicksalsschläge erlebt hat, dabei jedoch eine allgemein positive Lebenseinstellung bewahrt hat. Bis ins hohe Alter stand sie erfolgreich auf der Bühne und wurde von ihrem Publikum die „Mutter der Nation" genannt.

Wissenschaftliche Untersuchungen bestätigen, dass Menschen mit vorwiegend positiver Lebenseinstellung länger leben als Menschen, die mehrheitlich niedergeschlagen sind. Die Gründe dafür sind noch nicht bekannt, aber es ist denkbar, dass Personen mit einer positiven Lebenseinstellung gelassener durch die Labyrinthe des Lebens schreiten und ihr Herz-Kreislauf-System dabei nicht so stark mit Ärger und Wut belasten. Es könnte aber auch sein, dass eine optimistische Grundhaltung auf der Basis eines gesunden Organismus gedeiht.

Das Geschenk der Nonnen von Notre Dame

Eine bemerkungswerte Untersuchung, die neben Erkenntnissen von unschätzbarem Wert für die Alzheimer-Forschung auch sehr viel Interessantes zum Thema Lebenseinstellung und Lebenserwartung liefert, ist die „Nonnen-Studie" unter der Leitung von Dr. David Snowdon. Die Studie bietet eine einmalige Gelegenheit, eine große Anzahl Personen mit ähnlicher Lebenseinstellung und mit ähnlichen Lebensbedingungen über einen langen Lebensabschnitt zu verfolgen. Knapp 700 Ordensschwestern aus sieben Klöstern in den USA nehmen daran teil. Die Schwestern, die ihr Leben Gott und der Ausbildung und Erziehung von jungen Menschen widmen, haben sich zu periodischen psychologischen Tests verpflichtet und verfügt, dass nach ihrem Tod ihre Gehirne für wissenschaftliche Untersuchungen verwendet werden dürfen. Für dieses großzügige Geschenk an die Menschheit geben sie die folgende Begründung: „Als Nonnen haben wir die schwere Wahl getroffen, keine Kinder zu haben. Durch die Hirnspende können wir helfen, die Rätsel der Alzheimerkrankheit zu lösen, und damit machen wir zukünftigen Generationen auf einem anderen Weg ein Geschenk."

Die Studie hat gezeigt, dass die Nonnen eine höhere durchschnittliche Lebenserwartung haben als Frauen außerhalb des Klosters. Mögliche Ursachen für dieses Resultat können gute Ernährung und Sicherheit sein, ein wichtiges Lebensziel, ein tiefer Glaube, die Verbundenheit innerhalb einer Gemeinschaft. Zu ihrer großen Überraschung aber stellten die Forscher fest, dass Nonnen mit einer vorwiegend positiven Lebenseinstellung im Durchschnitt ein Alter von 90 Jahren erreichten, während die mit einer eher negativen auf durchschnittlich knapp 83 Jahre kamen.

Eine positivere Haltung kann man sich aneignen

Das klingt alles schön und gut. Nur werden sich einige Leser fragen, was es bedeutet, Optimist oder Pessimist zu sein, und was sie unternehmen können, wenn sie sich nicht zu den Optimisten zählen. Es gibt zwei Sorten von Optimisten und Pessimisten. Unter den Optimisten gibt es Menschen, die so selbstsicher sind, dass sie meinen, ihnen könne nichts passieren, und die deshalb mögliche Risiken für ihr Wohlergehen und ihre Gesundheit völlig außer Acht lassen. Andere Optimisten sind von Hoffnung und Gottvertrauen getragen und setzen sich sehr für ihre Gesundheit ein. Unter den Pessimisten befinden sich Menschen, die nur das Schlimmste befürchten und deshalb nichts für ihre Gesundheit tun. Aber eine Person, die sich möglicher Gesundheitsgefahren bewusst ist, ist sehr wahrscheinlich eher dazu bereit, die richtigen Entscheidungen zu treffen, um ihre Gesundheit zu schützen.

Ein Auge zu haben für das, was im Leben schwierig, riskant und gefährlich ist, bedeutet also noch nicht automatisch, die schlechtere Lebenseinstellung zu haben und allen daraus resultierenden Folgen wehrlos ausgeliefert zu sein. Wer sich selbst gut kennt, kann bewusste Strategien einsetzen, um sein Weltbild aufzuhellen und so im Falle einer Erkrankung die Heilungschancen zu verbessern. Es gilt, negative Einstellungen aufzudecken und zu hinterfragen. Suchen Sie das Positive, das es trotz allem gibt. Lesen Sie die Werke von Hauptmann, Dickens und Zola, lesen Sie Berichte über den Alltag aus alten Zeitungen und überlegen Sie sich, ob Ihre Lebensbedingungen nicht doch besser sind als die damaligen. Denken Sie im großen Zeitrahmen und im Weltmaßstab. Der Bericht der Vereinten Nationen über weltweite Veränderungen zwischen 1970 und 2000 beispielsweise macht deutlich, dass Hunger und extreme Armut weltweit abgenommen haben. Mehr Kinder gehen zur Schule und es gibt mehr Demokratien als je zuvor.

Besondere Fähigkeiten

Genau wie jeder Mensch ein individuelles Muster von emotionalen Reaktionsweisen (Temperament) und persönlichen Handlungsleitlinien (Charakter) entwickelt, zeigt er eine persönliche Kombination von besonderen Fähigkeiten. Diese öffnen nicht nur in der Kindheit und Jugend den Weg zum Lernen und zur Persönlichkeitsentfaltung, sondern können auch als Ressourcen genutzt werden, um ein erfülltes Alter zu erreichen. Im 20. Jahrhundert dominierte der Begriff „IQ“ als Summe der menschlichen Intelligenz, obwohl IQ-Tests hauptsächlich die Bereich Sprache und Mathematik umfassen. Inzwischen hat man die Definition der Intelligenz erweitert.

Der amerikanische Psychologe und Erziehungswissenschaftler Howard Gardner hat eine Liste der speziellen Fähigkeiten entwi-

Multiple Intelligenzen **Spezielle Fähigkeit**	
1. Sprachliche Intelligenz	Gebrauch von Sprache, Symbolen
2. Logisch-mathematische Intelligenz	Verständnis für Zahlen und logische Zusammenhänge
3. Räumliche Intelligenz	Räumliches Vorstellungsvermögen, Zeichnen, Architektur, Handwerk
4. Musikalische Intelligenz	Sinn für Melodien, Takt, Harmonie
5. Körperlich-kinetische Intelligenz	Körperbeherrschung, Geschicklichkeit, Sport
6. Naturverständnis	Natur- und Umweltbewusstsein
7. Soziale Intelligenz*	Fähigkeit, auf Gefühle und Absichten anderer Menschen einzugehen
8. Ichbezogene Intelligenz*	Kenntnis eigener Gefühle, Absichten und entsprechender Reaktionen
*Gelegentlich als „Emotionale Intelligenz" bezeichnet.	

(nach H. Gardner)

ckelt und sie als „multiple intelligences“ (vielfältige Intelligenzen) bezeichnet. Wir können sie bei uns selbst oder unseren Mitmenschen feststellen. Bei jedem Menschen sind die einzelnen Intelligenzen jeweils stärker oder schwächer vertreten. Für einige Menschen sind Buchstaben das Zaubermittel, die Welt zu verstehen. Sie können ihre Gedanken klar und flüssig ausdrücken, sei es schriftlich oder mündlich. Sie hatten vielleicht schon seit ihrer Kindheit eine große Freude am Lesen oder Schreiben. Andere sind von Zahlen fasziniert und suchen begeistert nach logischen Zusammenhängen. Maler, Architekten, Bauingenieure und Schneiderinnen besitzen ein gutes räumliches Vorstellungsvermögen.

Es gibt Menschen, die einen hoch entwickelten Sinn für Melodien, Takt und Harmonien zeigen, der sich in Freude an der Musik äußert. Je nach Begabung werden sie zu Komponisten, Dirigenten, Solo-Instrumentalisten, Orchestermitgliedern, Musikpädagogen oder Musikkritikern.

Einige Menschen zeigen ein erhöhtes Interesse an Naturvorgängen und an allem, was mit der Pflanzen- oder Tierwelt oder mit der Rolle des Menschen in der Natur zu tun hat. Bei der Mehrzahl der Förster, Landschaftsgärtner, Tierpfleger und Umweltaktivisten darf man diese Art von Intelligenz vermuten.

Ein weiteres Gebiet, das als besondere Fähigkeit einbezogen werden kann, ist die soziale oder emotionale Intelligenz. Menschen mit hoher emotionaler Intelligenz können vermehrt auf die Bedürfnisse anderer eingehen. Sie nehmen soziale Signale wahr und senden die entsprechenden Signale aus. Sie zeigen Empathie. Sie wählen oft Berufe, die direkt mit körperlichen oder geistigen Bedürfnissen von Mitmenschen zu tun haben, zum Beispiel in der Medizin, Psychologie oder Theologie. Populisten und Demagogen allerdings können ihre ausgeprägte soziale Intelligenz dazu nutzen, ganze Bevölkerungsgruppen zu mobilisieren und dabei die Rechte anderer Gruppen zu missachten.

Einige Menschen interessieren sich in besonderer Weise für die eigenen Motive und Denkweisen. Sie durchleuchten eigene Absichten und Sichtweisen mit besonderer Klarheit und können ihre Erkenntnisse auch erfolgreich in Dichtung oder Autobiographie darstellen. Die Fähigkeit zur Selbstbetrachtung bedeutet nicht notwendigerweise ungehemmten Egoismus, sofern sie mit einer ebenfalls erhöhten Fähigkeit zur Empathie einhergeht.

Die Basis der besonderen Fähigkeiten liegt, wie Sie sicher schon vermutet haben, in der genetischen Anlage. Während der Aufbauphase des Gehirns werden bestimmte Areale bevorzugt oder effizienter miteinander vernetzt. Doch nur durch Erfahrungen im täglichen Leben gelangen sie zur Entfaltung.

Gehirn-Geist-Körper: Eine Einheit

Wie ein Mensch Vorkommnisse in seinem Leben verarbeitet, hängt zum großen Teil von seinem Temperament und Charakter ab. So wird ein Ereignis zu einem sehr persönlichen „Erlebnis", das nicht nur mit geistigen Aspekten verbunden ist, sondern auch von körperlichen Auswirkungen begleitet wird. Körper und Geist, Gefühl und Wissen - sie sind immer als Einheit zu betrachten und das Organ, das sie steuert und verbindet, ist das Gehirn. Weil geistige Aktivität einen Einfluss auf Körperreaktionen haben kann und umgekehrt körperliche Prozesse sich auf die mentale Aktivität auswirken, sprechen wir von der „Psychosomatik".

Der Körper verteidigt sich

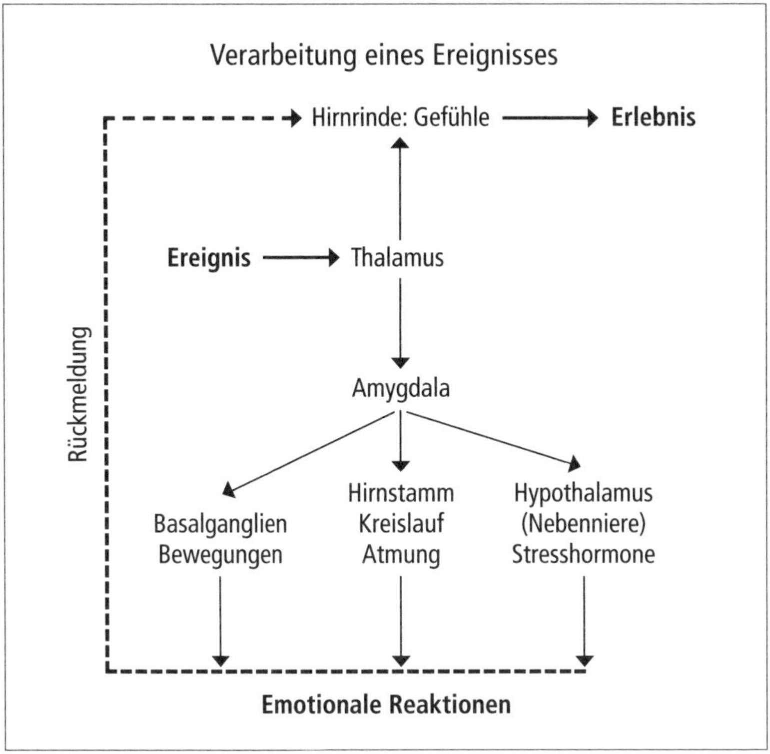

Die Zusammenhänge zwischen Geist und Körper lassen sich am Beispiel einer Situation verdeutlichen, in der ein Mensch eine plötzliche Bedrohung wahrnimmt. Nehmen wir an, Sie spazieren spät in der Nacht nach Hause. Plötzlich hören Sie hinter sich ein Geräusch aus der Hecke. Sie halten den Atem und ihre Schritte an und horchen. Ihr Herz schlägt schneller, ihre Muskeln spannen sich an. Erst als die Nachbarskatze aus dem Gebüsch schleicht, atmen Sie auf und lächeln. Es war ja nichts Gefährliches. Sie kommen gut nach Hause und lachen über Ihre Ängstlichkeit.

Lassen Sie uns nun schauen, wie Ihr Nervensystem dieses Ereignis verarbeitet. Sie hören das Rascheln. Das Signal geht durchs Ohr und zum Thalamus, dem Hirnorgan, das als Eingangstor für Sinnesinformation dient. Der Thalamus sendet das Signal in zwei Richtungen: an die Hirnrinde und an die Amygdala, ein mandelförmiges Organ, das sofort mit emotionalen Reaktionen antwortet. Die Amygdala ist Teil des evolutionär sehr alten limbischen Systems, das auf Reaktionen auf bedrohliche Situationen spezialisiert ist. Das limbische System hat Verbindungen zu den Muskeln und zu den inneren Organen, die lebensnotwendige Funktionen regeln. Ihre Glieder werden plötzlich steif, Ihr Mund trocken, Ihre Atmung hält an, Ihr Blutdruck steigt. Weil die Stimmbänder sich ebenfalls anspannen, redet man in einer Situation tatsächlicher oder empfundener Gefahr mit hoher Stimme oder stößt einen schrillen Schrei aus. Die Amygdala sendet auch Signale an Organe aus, die Stresshormone oder spezielle Neurotransmitter ausschütten. Diese versetzen den Körper in erhöhte Bereitschaft, die Situation durchzustehen oder ihr zu entfliehen (fight or flight).

Das körperliche Erstarren, der Anstieg des Blutdrucks, die Ausschüttung von Stresshormonen, Blässe oder Erröten – all das kann als „emotionale Reaktion" des Körpers bezeichnet werden. Emotionale Reaktionen können auch von Außenstehenden beobachtet oder gemessen werden: Blutdruck, Herztätigkeit, Hauttemperatur zum Beispiel.

Die Hirnrinde wird unmittelbar vom Thalamus über die Situation informiert, doch braucht sie mehr Zeit als die Amygdala, um das Ereignis zu verarbeiten. Mittels der Hirnrinde werden Erinnerungen an ähnliche Situationen in der Vergangenheit aufgerufen.

Die Situationen werden verglichen und Ähnlichkeiten oder Unterschiede festgestellt. Dazu werden die emotionalen Körperreaktionen als „Feedback“ an die Hirnrinde signalisiert. Sie stellt das Pochen des Herzens fest, nimmt das beklemmende Gefühl im Bauch wahr. Sie setzt diese Eindrücke in Beziehung zu früheren Erlebnissen. Es entstehen Gefühle. Im Gegensatz zu den emotionalen Reaktionen bleiben die Gefühle privat. Sie können nicht objektiv gemessen werden. Außenstehende können sich lediglich aus den Aussagen der Betroffenen einen Eindruck von ihren Gefühlen verschaffen. Aus diesem Grund ist bei der Auswertung von Fragebögen große Vorsicht geboten.

Aus den vielfältigen Eindrücken von innen und außen und dem Vergleich mit früheren Ereignissen „lernt“ der Mensch, mit ähnlichen Situationen in Zukunft umzugehen. Seine Erfahrungen machen ihn entweder in den entsprechenden Situationen noch ängstlicher oder sie schenken ihm mehr Selbstvertrauen.

Es ist notwendig, dass der Körper in Zeiten von Gefahr alarmiert und in eine hohe Bereitschaft zu handeln versetzt wird. Dies geschieht mit Hilfe der Stresshormone Kortisol und Adrenalin. Die Vorteile dieses für rasches Reagieren in Ausnahmesituationen geschaffenen „Notfallsystems“ sind auch mit Nachteilen verbunden: Zentren, die für das abwägende Denken zuständig sind, werden kurzfristig gedämpft oder ausgeschaltet. Eine hohe Kortisolausschüttung setzt vorübergehend die Fähigkeit herab, Erinnerungen zu bilden. Adrenalin löst Unruhe und Angst aus.

Jeder Mensch hat ein individuell eingestelltes Nervensystem. Bei Personen mit einer hoch empfindlichen Amygdala zum Beispiel besteht die Tendenz zu starken emotionalen Reaktionen. Personen mit einer weniger empfindlichen Amygdala reagieren meist weniger heftig. Sie bleiben „cool“. Man kann sein Nervensystem nicht gegen ein anderes eintauschen, doch kann man mit Hilfe von Kenntnissen seiner Funktionsweise und seiner Auswirkungen auf das Temperament lernen, im Alltag damit umzugehen. Nehmen wir an, Sie gehören zu den „aufgeregten“ Typen. Bevor Sie sich aufregen, machen Sie es sich zur Gewohnheit, die Situation vom Standpunkt des anderen zu sehen. Nehmen wir an, der Bus fährt Ihnen vor der Nase weg. Atmen Sie tief ein und überlegen Sie sich mögliche Gründe, warum der Fahrer Sie nicht beachtet hat: Er hat Sie nicht sehen können. Er ist schon fünf Minuten mit seiner Runde verspätet. Andere Fahrgäste haben ihn abgelenkt.

Nervensystem und Gesundheit: Psychosomatik

Die Wechselwirkungen zwischen Gehirn und Körperorganen werden oft bildlich in Redewendungen widergegeben, zum Beispiel wenn wir sagen, dass jemand Wut im Bauch hat. Dies heißt nicht, dass der Ärger im Bauch entsteht und dass der Bauch „denkt", sondern dass Nerven im Bauch stimuliert werden. Ohne dass wir uns dessen bewusst sind, empfangen die Rezeptoren in den Bauchorganen Signale vom Gehirn. Uns steigen Tränen in die Augen, nicht weil die Tränendrüsen traurig sind, sondern weil ihnen das Gehirn die entsprechenden Signale sendet.

Sämtliche inneren Organe sind mit dem Gehirn verbunden. Diese Vernetzung wird als „autonomes Nervensystem" bezeichnet, weil die Prozesse meist unbewusst ablaufen. Das System besteht aus zwei parallelen Untersystemen; das eine hat eine aktivierende Wirkung, das andere eine hemmende. Zusammen halten sie die Körperfunktionen im Gleichgewicht.

Stress

Im Schema „Verarbeitung eines Ereignisses" auf Seite 43 haben wir gesehen, wie Alarmzeichen vom Gehirn verarbeitet und Abwehrreaktionen ausgelöst werden. Sobald die Situation klar oder ungefährlich wird, klingen die Abwehrreaktionen ab und die Körperfunktionen kehren ins Gleichgewicht zurück. Werden die Notfallsysteme aber zu oft aktiviert oder bleiben sie über längere Zeit eingeschaltet, wirkt sich dies nachteilig auf die Gesundheit aus. Der Körper steht andauernd unter Alarmbereitschaft oder „Stress". Stress ist ein internationales Phänomen und wird mit dem gleichen Wort beschrieben auf Englisch, Deutsch, Japanisch, Hindi und sogar Französisch.

Stress im biologischen Sinne bezeichnet die lebensnotwendigen Reaktionen des Körpers auf bedrohliche Situationen. Kurze Stressperioden führen zu einer vorübergehenden Steigerung der Leistung. Das, was wir im Alltag Stress nennen, ist viel schwerer zu definieren. Es hängt von der geschichtlichen Epoche, von der kulturellen Umgebung, ja von individuellen Lebensumständen und persönlichem Empfinden ab. In gewissem Sinne ist der Stress von heute die gute alte Zeit von gestern. Früher fürchtete man um die nackte Existenz, hatte Angst vor Hunger, vor Krankheiten und vor Unfällen, die zur Arbeitsunfähigkeit führten. Die medizinischen Möglichkeiten waren sehr beschränkt, es gab keine Invaliden- und Altersversicherung, die Arbeitszeit betrug bis zu 60 Stunden pro Woche. Ferien wurden erst im 20. Jahrhundert eingeführt.

Heute bezieht sich das Wort „Stress" meist auf Situationen, die der einzelne Mensch als belastend empfindet. Wie Aschenputtel im Märchen steht man vor einer Aufgabe, die man nicht zu meistern glaubt. Termine drücken, Zweifel an die eigene Kompetenz steigen auf, es fehlt die Eigenkontrolle (Autonomie). Die Situation scheint ausweglos. Fühlt man sich einer Situation ausgeliefert und sieht man keine Möglichkeiten auszuweichen, baut sich mit der Zeit der empfundene Stress auf, bis der Zustand nicht mehr erträglich ist.

Andauernder starker Stress wirkt sich auf Kreislauf, Atmung, Herztätigkeit und das Immunsystem aus. Personen mit einer stark reagierenden Amygdala (siehe Schema „Verarbeitung eines Ereignisses" auf Seite 43) oder Menschen, die vorwiegend Negatives sehen, sind stärker gefährdet als Personen, deren Amygdala nicht so schnell und so stark alarmiert wird. Es besteht die Gefahr der Resignation und des Abgleitens in das so genannte „Burn-out-Syndrom".

Ein erster Schritt aus dieser verhängnisvollen Bahn ist die Erkenntnis, dass nicht immer die Situation an sich Stress bedeuten muss: Vieles hängt vom individuellen Empfinden der Belastung ab. Und die Belastung wird als geringer empfunden, je mehr Eigenkontrolle man besitzt. Hochrangige Manager zum Beispiel stehen häufig unter Druck, die Produktion voranzutreiben und die Gewinnmargen des Unternehmens zu erhöhen. Doch wenn sie ihre Arbeit als Herausforderung empfinden und genügend Zeit für Ferien, Sport oder Hobbys einplanen können, bleibt ihre empfundene Belastung im erträglichen Rahmen. Es baut sich kein „Stress“ auf.

Wenn sich jemand dauernd mit hohem Engagement und Verantwortungsgefühl für einen kranken oder gebrechlichen Menschen einsetzt, kann die Belastung zu groß werden, auch wenn die Aufgabe mit einer tiefen Befriedigung einhergeht. Es fehlt die Selbstbestimmung, die Möglichkeit, wenigstens zum Teil über die eigene Zeit verfügen zu können. Dies ist zum Beispiel der Fall, wenn ein Mann seine an der Alzheimerkrankheit leidende Frau zu Hause pflegt oder wenn eine Tochter ihre hochbetagten Eltern zu Hause betreut.

Man wird im Alter nicht anfälliger für Stress als in jungen Jahren – aber auch nicht weniger anfällig. Eine interessante Studie verglich die Stressbelastung in zwei Situationen, die für die meisten Menschen eine gewisse Herausforderung bedeuten: Die Testpersonen mussten vor einem Publikum eine spontane Rede halten oder eine komplexe Rechenaufgabe im Kopf lösen. Blutdruck, Puls und Kortisolausschüttung wurden gemessen. Die Resultate zeigten keine Unterschiede zwischen den Generationen.

Es beginnt mit der persönlichen Einstellung

Um die negativen Folgen von Stress zu mindern, sollten Sie Ihr eigenes Verhalten über längere Zeit beobachten: Geraten Sie schnell in Panik, wenn sie die Übersicht verlieren? Begegnen Sie neuen Ideen grundsätzlich mit heftiger Ablehnung und unbekannten Situationen mit einer negativen Einstellung? Geraten Sie schnell in Wut, ärgern Sie sich häufig und halten diese Gefühle über längere Zeit an? Das Wissen um die biologische Grundlage Ihres Temperaments hilft Ihnen, Ihr Verhalten zu verstehen.

Wenn Sie erkennen, dass Ihr Verhalten einem Muster entspricht, haben Sie den ersten Schritt in Richtung einer Änderung hin zum Besseren schon getan. Eine Möglichkeit besteht darin, eine Situation als Herausforderung statt Stress zu empfinden. In diesem Fall wird es leichter, sie zu meistern. Eine Gruppe professioneller Musiker zum Beispiel gewöhnte sich an, vor Konzerten nicht von „Angst“ oder „Stress“ zu sprechen, sondern von „Spannung“. Schon die Verwendung eines anderen Wortes hat ihre Haltung beeinflusst. Eine weitere Strategie zur Reduzierung der Stressbelastung funktioniert nach dem Motto „Geteiltes Leid ist halbes Leid“. Verständnisvolle Freunde ermöglichen es, über ein Problem zu sprechen, die nötige Distanz zu gewinnen und neue Lösungen zu suchen.

Maßnahmen gegen Stress

Es gibt im Leben belastende Situationen, denen man nicht ausweichen kann, zum Beispiel schwere Erkrankungen, die Einweisung in ein Pflegeheim oder das Abschiednehmen von lieben Freunden und Verwandten. Diese Lebensübergänge und/oder Schicksalsschläge sind noch bedrückender, wenn ein Mensch durch sein von Temperament und Lebenserfahrungen geprägtes Wesen dazu neigt, alles stark zu empfinden und darunter zu leiden. Hier hilft es, sich der Maßnahmen bewusst zu sein, die zur Verfügung stehen, um Stress zu reduzieren. Es gilt, die vorhandenen Strategien individuell passend zu kombinieren und anzuwenden. Effektive Stressreduktion hängt gleichermaßen von persönlichen Vorlieben wie auch von der jeweiligen Situation ab.

Oft müssen neue Lösungen für Probleme im Alltag gesucht werden. Wenn man ständig die Verantwortung für einen schwer kranken Menschen hat, können Verwandte oder Freunde einen Teil der Arbeit übernehmen, um der Person, die hauptsächlich für die Pflege zuständig ist, mehr Freiheit für eigene Bedürfnisse und damit mehr Kontrolle über ihr Leben zu geben. Wenn die Probleme einem über den Kopf wachsen, hilft es, Teilschritte zu unternehmen, statt alles auf einmal lösen zu wollen. Weil man im Alter das Gefühl hat, dass die Zeit schneller vorbeigeht als früher, und weil sowohl die Denkprozesse wie auch die allgemeine Mobilität verlangsamt sein können, ist es von entscheidender Bedeutung, sich genug Zeit zu lassen.

Wichtig ist es, innere Ruhe zu finden. Oft braucht man Zeit, damit sich neue Gedanken entwickeln können. Manchmal genügt ein ausgedehnter Spaziergang im Park oder eine Wanderung in den Bergen. Schalten Sie eine Zeit lang bedrückende Gedanken aus und schenken Sie der Natur Ihre ganze Aufmerksamkeit. Beobachten Sie die Formen der Wolken, die Bewegungen einer Blume im Wind, richten Sie Ihr Gehör auf die Stimme eines einzelnen Vogels. Lassen Sie sich inspirieren von der Weisheit religiöser und philosophischer Texte. Verlieren Sie Ihre besonderen Fähigkeiten nicht aus den Augen und nehmen Sie sich Zeit für Aktivitäten, die Ihnen Freude machen.

Körperliche Aktivität in verschiedenen Formen wirkt stressmindernd. Viele Menschen verschaffen sich Entspannung mit Hilfe von Autogenem Training, Atemübungen, Tai-Chi, Yoga oder anderen Meditationstechniken. Lassen Sie den Atem ruhig strömen und die Gedanken fließen. Wenn Wandern, Radtouren oder Gartenarbeit Ihnen mehr dabei hilft, zur Ruhe zu kommen, ist das ebenfalls sehr zu empfehlen.

Künstlerische Aktivitäten, die intensive Beschäftigung mit dem Schönen, bieten unschätzbare Möglichkeiten, zu einem ruhigen, heiteren Gemütszustand zu gelangen. Die Musik steht oft im Vordergrund, weil sie eine umfassende Wirkung auf Geist und Körper hat. Doch zeigen Malerei, Theater, Tanz und Dichtkunst ebenfalls eine tiefe Wirkung auf die menschliche Seele.

Gespräche mit guten Freunden oder das Schreiben eines Tagebuches können auch helfen, eigene Ängste und Bedürfnisse zu formulieren und Handlungsmöglichkeiten aufzuzeichnen. Eine Methode, die sich bewährt hat, um Stress abzubauen und traumatische Erlebnisse zu verarbeiten, besteht darin, sich „den Kummer von der Seele zu schreiben". Dazu muss man überhaupt nicht sprachlich begabt sein. Schon das ausführliche Niederschreiben von schweren persönlichen Erlebnissen genügt, auch wenn kein anderer Mensch die Zeilen liest. In wissenschaftlichen Studien wurden Menschen nach schweren traumatischen Erlebnissen angehalten, ihre Gedanken, Gefühle, Ängste und Hoffnungen aufzuschreiben. Stil, Wortschatz und Orthographie spielten dabei keine Rolle. Es war wichtig, dass die Texte privat blieben. Sie wurden vom Forscherteam weder gelesen noch bewertet. Trotzdem sagten die

Schreibenden, dass sie sich nach der Übung besser fühlten. Es war ihnen, als ob sie sich von einer Last befreit hätten.

Dieselbe Methode wurde auch bei Patienten mit Asthma und Arthritis angewandt. Hier zeigte sich, dass das Niederschreiben von Stress-Erlebnissen – zusätzlich zur medizinischen Behandlung – die Arthritissymptome linderte. Die Patienten wurden gebeten, je 20 Minuten pro Tag an drei Tagen nacheinander ihren Kummer und ihre Ängste aufzuschreiben, während Patienten in einer Kontrollgruppe über harmlose Alltagsereignisse schrieben. In den folgenden vier Monaten untersuchten Ärzte die Wirkung auf die Krankheitssymptome, ohne zu wissen, zu welcher Gruppe die Patienten jeweils gehörten.

Nach vier Monaten zeigten 50 Prozent der Patienten in der Testgruppe objektiv messbare Verbesserungen ihrer Symptome. Darüber hinaus berichteten sie, dass sie sich auch subjektiv besser fühlten. Sie benötigten weniger Medikamente. An diesem Beispiel werden die Wechselwirkungen zwischen Körper und Geist ersichtlich.

Depressionen rechtzeitig erkennen und behandeln

Symptome einer Depression

- Gedrückte Stimmung, traurige Gefühle
- Vermindertes Interesse und Vergnügen an den meisten Aktivitäten
- Verstärkter oder verminderter Appetit
- Schlaflosigkeit oder zu viel Schlaf
- Unruhe (z. B. Händeringen) oder verlangsamte Bewegungen
- Ermüdbarkeit, Mangel an Energie
- Man hat das Gefühl, wertlos zu sein, fühlt sich schuldig an allem
- Man kann sich nicht entscheiden, Konzentration fällt schwer
- Todes- oder Suizidgedanken
- Unfähigkeit, Wissen und Gefühle zu verbinden

Wenn Depressionen nicht rechtzeitig erkannt und behandelt werden, können sie ernsthafte Folgen haben. Sie können einen geistigen Abbau vortäuschen und zur Unfähigkeit führen, sich notwendigen gesundheitlichen Maßnahmen zu unterziehen oder sich mit Lebensproblemen auseinander zu setzen. Sie können die Überlebenschancen nach einem Hirnschlag und schweren Operationen verringern. Häufig führen sie zu Suizid oder Suizidversuchen. Wiederholte Episoden von schweren Depressionen führen zu einem Absterben der Zellen im Hippocampus, dem Teil des Gehirns, der eine wichtige Funktion bei der Bildung von Erinnerungen ausübt.

Es gilt zu unterscheiden zwischen Traurigkeit oder Melancholie einerseits und dem klinischen Bild der Depression andererseits. Trauer ist natürlich, wenn man sich für lange Zeit oder für immer von einem lieben Menschen verabschieden muss. Viele empfinden eine vorübergehende Traurigkeit, wenn sie an vergangene Zeiten denken oder wenn die Tage im Herbst kürzer werden und die trockenen Blätter von den Bäumen fallen. Man lässt sich aber leicht von Freunden trösten, trocknet seine Tränen und kann sich an den glücklichen Momenten im Alltag wieder freuen. Bei Menschen mit einer Depression ist das anders. Sie können sich über Wochen hinweg an nichts mehr erfreuen, zeigen kein Interesse mehr an ihren Aktivitäten. Ihre Sinne nehmen nicht mehr die vielfältige Umwelt wahr, ihre Töne und Geräusche, das freundliche Lächeln von lieben Mitmenschen. Es ist ihnen alles einerlei, öde und hoffnungslos. Sie wollen nichts unternehmen und auch nichts planen. Dabei sind sie nicht schuld an ihrem Leiden. Depression ist eine Krankheit, die behandelt werden kann.

Eine Depression äußert sich bei Männern und Frauen verschieden. Bei Frauen steht eine gedrückte Stimmung im Vordergrund. Bei Männern kann eine deutliche Verminderung der Stresstoleranz, verbunden mit erhöhter Risikobereitschaft, ein Symptom einer Depression sein. Auch Reizbarkeit, Aggressivität und verstärktes Suchtverhalten sind Merkmale der männlichen Depression. Dazu gesellen sich körperliche Symptome wie Herzklopfen, vermehrtes Schwitzen, Engegefühle im Brustraum.

Etwa ein Viertel aller Menschen leidet gelegentlich unter depressiven Gefühlen; ungefähr 10 Prozent erkranken ernsthaft an einer Depression. Depressionen treten gleich häufig vor dem Alter von 70 Jahren wie danach auf. Mit 70 Jahren haben ungefähr 16 Prozent der Menschen mindestens eine depressive Episode durchgemacht. Die Vererbung spielt eine größere Rolle bei den früh einsetzenden Depressionen als bei Depressionen, die erst im höheren Alter auftreten.

Eine deutsche Untersuchung zeigte im sehr hohen Alter eine leichte Zunahme von Gefühlen, die im Zusammenhang mit einer Depression beschrieben werden. Ein Gefühl des Lebensüberdrusses zum Beispiel wurde von 12 Prozent der 70–80-Jährigen angegeben und von 14 Prozent der Menschen im Alter von 90–103. Während vier Prozent der 70–80-Jährigen einen Todeswunsch äußerten, waren es in den älteren Jahrgängen 13 Prozent.

Frauen leiden etwa doppelt so häufig an Depressionen wie Männer. Eine mögliche Erklärung für die erhöhte Anfälligkeit von Frauen könnte die Tatsache sein, dass das emotionale System bei Frauen häufiger oder stärker beansprucht wird. Dass dies der Fall ist, kann mit bildgebenden Methoden direkt im Gehirn nachgewiesen werden (vgl. dazu Seite 109).

Es gibt gute Behandlungsmöglichkeiten

Es ist äußerst wichtig, Depressionen frühzeitig zu erkennen und zu behandeln. Dies ist besonders wichtig, wenn sie nach einer Operation oder schweren Krankheit auftreten. Die Hälfte der Patienten mit einem Hirnschlag erleidet eine anschließende Depression und das Sterberisiko ist bei diesen Patienten sechs- bis achtmal höher als bei Hirnschlagpatienten ohne Depression. Patienten mit schweren Depressionen verspüren häufig keine Motivation, etwas gegen ihre Krankheit zu unternehmen. Es ist daher notwendig, sie mit Hilfe von speziellen Medikamenten so weit zu bringen, dass sie ihre Genesung selbst in Angriff nehmen können. Eine Untersuchung zeigte, dass die Behandlung einer Depression mit Antidepressiva über zwölf Wochen zu einer Verbesserung der Überlebenschancen führen kann, und zwar von 36 Prozent auf 86 Prozent neun Jahre nach dem Hirnschlag.

Die Kombination von Psychopharmaka und Psychotherapie führt zu den besten Resultaten. In einer groß angelegten Untersuchung wiesen 75 Prozent der Patienten und Patientinnen, bei denen Psychopharmaka und Psychotherapie gemeinsam eingesetzt wurden, innerhalb von drei Jahren keine Rückfälle auf. Wurden Psychopharmaka ohne Psychotherapie eingesetzt, verminderte sich der Erfolg der Therapie auf 57 Prozent. Wenn Psychotherapie alleine angewandt wurde, zur Kontrolle jedoch in Kombination mit einer Tablette, die keinen Wirkstoff enthielt (Placebo), hatten nur 36 Prozent der Patienten innerhalb von drei Jahren keinen Rückfall. Ein Placebo allein schließlich brachte nur in 10 Prozent der Fälle den erwünschten Erfolg.

Die kognitive Psychotherapie hat sich bei älteren Menschen bewährt. Das Ziel dieser Therapierichtung besteht darin, dass die Menschen sich ihrer negativen, oft festgefahrenen Gedanken bewusst werden, um sie zu durchbrechen und zu neuen Wahrnehmungen und Verhaltensmustern zu gelangen. Sie lernen neue Standpunkte kennen und üben sich darin, neue Problemlösungen zu finden. Diese Therapieform ist sowohl in Einzel- wie auch Gruppentherapie wirksam.

Etwa 4 Prozent der Bevölkerung sind von einer so genannten „Winterdepression" betroffen, die durch einen Mangel an Licht hervorgerufen wird. Diese Form der Depression kann häufig mit einer Lichttherapie (2 Stunden pro Tag) behandelt werden.

Eine genetische Veranlagung muss kein Schicksal bedeuten

Otto P., 65 Jahre alt, fühlt sich seit Wochen nicht wohl. Er beklagt sich über Kopfweh, entschuldigt sich von seiner Skatrunde, wirkt niedergeschlagen und gereizt. Nach langem Drängen kann seine Frau ihn dazu bringen, zum Hausarzt zu gehen. Eine gründliche Untersuchung zeigt keine ernsthafte Erkrankung. Doch als Otto die Türklinke drückt, um die Praxis zu verlassen, bemerkt er beiläufig, sein Vater sei mit 65 Jahren an einem Herzanfall gestorben. Er habe Angst vor einem ähnlichen Schicksal.

Wenn Otto mehr über Vererbung und das Zusammenwirken von Genen und Umwelt wüsste, hätte er weniger Angst und wäre er besser in der Lage, Schritte zu unternehmen, um seinen Gesundheitszustand zu verbessern. Zum Glück entdeckt er in der Zeitung die Ankündigung eines öffentlichen Vortrags in der Volkshochschule über genetische Veranlagung und Umwelt. Er geht dorthin und informiert sich.

Die Rolle der Gene

Im Gegensatz zu einer weit verbreiteten Annahme spielen die Gene eine große Rolle nicht nur bei der Befruchtung, sondern während der gesamten Lebensspanne. In jeder Zelle unseres Körpers sind genetische Anweisungen für die Struktur und Funktion dieser Zelle vorhanden. Doch werden nicht alle Anweisungen immer verwirklicht, ein Prozess, der als „Genexpression“ bezeichnet wird. Gene können durch unzureichende Nahrung oder giftige Substanzen gehemmt werden. Aber sie können auch durch andauernde körperliche oder geistige Aktivität stimuliert werden. Sie liefern dann die Anweisungen für die Herstellung von speziellen Eiweißen, die entweder in neue Strukturen eingebaut werden oder den Stoffwechsel beeinflussen. Diese Veränderungen haben schlussendlich eine Wirkung auf Körperfunktionen und Verhalten (siehe Anhang, Seite 181).

Menschen und Schimpansen haben zu mindestens 98 Prozent die gleiche genetische Information (DNA). Während der Evolution fand jedoch ein gewaltiger Entwicklungssprung im menschlichen Organismus statt. Der Mensch hat ein größeres Gehirn mit einem entsprechend größeren Netzwerk. Eine mögliche Ursache für diesen Vorsprung könnte darin liegen, dass die genetischen Anweisungen im menschlichen Gehirn – im Gegensatz zu denen in Leber- und Blutzellen – anders zum Einsatz kommen. Die Prozesse, die zur Genexpression führen, sind äußerst wirksam und erlauben Hirnstrukturen, sich viel besser an Umweltbedingungen anzupassen. Ein Beispiel dieser Plastizität ist die Entwicklung von speziellen Spracharealen.

Gene und Gesundheit

Der Mensch ist weder ausschließlich das Resultat seiner genetischen Anlage noch allein das Produkt seiner Umgebung. Er entwickelt sich durch das lebenslange Zusammenwirken von Genetik, Umgebung und Aktivität. Die Tatsache, dass bestimmte Krankheiten in einer Familie häufig vorkommen, heißt nicht unbedingt, dass sie auf Vererbung zurückzuführen sind. Die Krankheiten können auch durch ähnliche Lebensgewohnheiten und Umgebungsfaktoren hervorgerufen sein. In Ottos Familie zum Beispiel sind viele Personen übergewichtig und haben einen hohen Blutdruck. Sie sind unter vergleichbaren Umständen aufgewachsen. Ottos Mutter war stolz auf ihre solide, gutbürgerliche Küche. Otto und seine Geschwister sind, wie ihr Vater, mit Schweinshaxen, Knödeln und dicken Mehlsaucen aufgewachsen. Sie übten alle sitzende Tätigkeiten aus und Sport war nie ein Thema.

Eine Erkrankung oder Eigenschaft kann kaum je auf ein einzelnes Gen zurückgeführt werden. Vielmehr beruht der genetische Einfluss meist auf der Wirkung von mehreren Genen. Es braucht eine Kombination von verschiedenen Genen, die ihre individuellen „Anleitungen“ zum Ausdruck bringen müssen. Etwa 130 Gene sind zum Beispiel an Fettleibigkeit beteiligt.

Das Vorhandensein von bestimmten Genkombinationen erhöht lediglich das Risiko, dass ein Gesundheitsschaden auftreten wird. Auch wenn ein Mensch die genetische Veranlagung für eine bestimmte Krankheit hat, heißt dies nicht, dass er mit hundertprozentiger Sicherheit diese Krankheit bekommen wird. Neue Untersuchungen über genetische Faktoren, die zur Alzheimerkrankheit führen, zeigen zum Beispiel, dass nicht alle Menschen mit diesen Faktoren die Krankheit tatsächlich bekommen. Es kann sein, dass bei diesen Menschen andere Gene vorhanden sind, die den „Alzheimer-Genen“ entgegenwirken. Oder günstige Umweltfaktoren und eine gesunde Lebensweise vermögen ihren Einfluss auszuschalten.

Die meisten Menschen in Ottos Familie haben jahrelang geraucht. Doch hat es, soweit er weiß, nie einen Fall von Lungenkrebs gegeben. Es ist möglich, dass die Menschen in Ottos Familie kein Risikogen für Lungenkrebs haben. Dennoch ist Vorsicht geboten: Rauchen erhöht das Risiko für hohen Blutdruck und damit auch für einen Herz- oder Hirnschlag.

Wir können uns den Einfluss von Genetik und Lebensführung bildlich als Kartenspiel vorstellen, wobei die Gene die Karten sind. Je nach Kombination oder Spielsituation werden sie mehr oder weniger einflussreich sein. Wie bei der Lebensführung kann ein Spieler verschiedene Strategien anwenden, damit er die ihm gegebenen Karten besser einsetzen kann. Es ist die jeweils individuelle Kombination von genetischen Faktoren und Lebensführung, welche die Chancen für ein gesundes Alter erhöht.

Aufgrund von Studien mit eineiigen Zwillingen wird die Wechselwirkung von Genetik und Lebensführung – außer bei seltenen Krankheiten, bei denen die Genetik eine überragende Rolle spielt – auf etwa 50 : 50 geschätzt. Der Einfluss der Genetik auf einzelne Störungen wie Legasthenie, Allergien, Autismus, Schizophrenie, Parkinsonkrankheit und bestimmte Formen der Alzheimerkrankheit variiert zwischen 40 und 60 Prozent. Das Gleiche gilt für Persönlichkeitsmerkmale wie Extraversion oder emotionale Stabilität.

Das Erreichen eines sehr hohen Alters scheint eine starke genetische Komponente zu haben. Menschen, die bei guter Gesundheit das Alter von 80 Jahren überschreiten, scheinen langsamer zu altern, und sie haben weniger lebensbedrohende Krankheiten wie Alzheimer, Hirnschlag, Krebs, Herzkrankheiten oder Diabetes. Auch Kinder von Hundertjährigen zeigen ein vermindertes Risiko für diese Krankheiten. Hundertjährige und ihre Nachkommen werden deshalb vermehrt von der Forschung untersucht, um Antworten auf die Frage zu bekommen, was ein gesundes Alter ausmacht. Diese Antworten könnten anderen Menschen helfen.

Neueste Forschungsergebnisse liefern Hinweise auf einen möglichen Grund für die Unterschiede zwischen den Geschlechtern in Bezug auf die Lebenserwartung. Die Tatsache, dass Frauen im Durchschnitt etwa 7 bis 10 Jahre länger leben als Männer, ist zum Teil darauf zurückzuführen, dass Männer ein höheres Risiko für Herz-/Kreislauf- und andere Erkrankungen haben. Warum ist das so genannte „starke Geschlecht“ anfälliger für diese Krankheiten?

Eine mögliche Erklärung geht auf den Moment der Befruchtung zurück, wenn die Eizelle sich mit der Spermienzelle vereint.

Die Gene befinden sich auf den Chromosomen. Ein weiblicher Embryo hat ein X-Chromosom vom Vater und ein X-Chromosom von der Mutter erhalten. Ein männlicher Embryo hat ein X-Chromosom von der Mutter, aber das Y-Chromosom vom Vater bekommen.

Bei der Befruchtung tauschen die Chromosomen ihre genetische Information aus. Beim männlichen Embryo gibt es hier ein Problem, weil ein Teil des X-Chromosoms keinen Tauschpartner hat. Die Reihe von Genen auf diesem Teilstück bleibt bestehen. Wenn sich auf diesem Teil eine Gen-Mutation befindet, ist das Risiko für eine Erkrankung erhöht, da der Einfluss dieser Mutation nicht durch ein zweites X-Chromosom abgeschwächt wird.

Wie Otto P. seine neuen Erkenntnisse anwendet

Was kann Otto mit seinen neu gewonnenen Kenntnissen anfangen? Er versteht jetzt die Anweisungen seines Hausarztes viel besser. Zwar weiß er nicht, was für Gene er besitzt und könnte sie ohnehin nicht ändern oder austauschen. Er kann aber die Risikofaktoren herabsetzen, kann versuchen zu verhindern, dass eventuell vorhandene Risiko-Gene sich verwirklichen können. Otto weiß, dass sein Vater an einer Herzkrankheit gestorben ist, dass sein Bruder einen Hirnschlag erlitten hat. Und er weiß, dass seine Familie eine Reihe Risikofaktoren zeigt: Viele Familienmitglieder sind übergewichtig und haben einen hohen Blutdruck. Sie bewegen sich kaum und die meisten rauchen.

Nach seinem nächsten Arztbesuch redet Otto mit der Ernährungsberaterin in der Klinik und kauft sich ein Buch mit Rezepten für ansprechende Speisen, die vitaminreich sind, aber wenig Cholesterin enthalten. Der Arzt hat ihm ein Mittel gegen hohen Blutdruck verschrieben, das er jeden Morgen einnimmt. Otto beschließt, sich für ein Kraft- und Fitnesstraining im Fitness-Klub anzumelden. Er verzichtet aufs Rauchen. Nach einigen Monaten fühlt Otto sich deutlich besser und hat mehr Energie. Im Fitness-

Klub hat er Menschen kennen gelernt, die ihm sympathisch sind, und freut sich sowohl auf das Training wie auch auf die folgende gemütliche Stunde mit seinen Freunden. Er genießt das Leben.

Zwillingsstudien weisen darauf hin, dass die genetische Anlage der meisten Menschen es ihnen erlaubt, bei guter Gesundheit etwa das Alter von 80 Jahren zu erreichen – unter der Voraussetzung, dass sie eine gesunde Lebensführung pflegen und spezifische Lebensgewohnheiten beachten, wenn sie ein genetisches Risiko vermuten. Wir können unsere Gene nicht verändern oder ersetzen. Doch im Gegensatz zu Tieren haben Menschen es in der Hand, ihr eigenes Verhalten zu steuern, ihre Umwelt zu verändern und damit den Einfluss von Risikogenen zu vermindern.

Kapitel 3

Das gestaltete Alter: Körperliche Ressourcen aufbauen

Erst im Alter wird uns die Bedeutung der Zusammenhänge zwischen Körper und Geist – „mens sana in corpore sano“ – voll und ganz bewusst. Neue Forschungsergebnisse belegen die Bedeutung der körperlichen Fitness sowohl für Mobilität, Wohlbefinden und Widerstandskraft gegen häufig im Alter auftretende Krankheiten als auch für die geistige Leistungsfähigkeit. Der Einfluss von körperlicher Aktivität auf geistige Leistungen wird ein Thema im Kapitel 4 sein.

Alterungsprozesse haben einen negativen Einfluss hauptsächlich auf die ersten beiden Kreise in unserem Kreisschema der Hirnleistungen (vgl. Kap. 1, S. 15). Diese umfassen lebenswichtige Körperfunktionen, Mobilität und die Wirksamkeit der Sinnessysteme. Mit etwa 25–30 Jahren beginnt eine allmähliche Verlangsamung der Erhaltungs- und Regenerationsprozesse im ganzen Körper. Lebensnotwendige Funktionen wie Kreislauf und Atmung, Verdauung und Nierentätigkeit finden nicht mehr so reibungslos statt. Die Effizienz des Immunsystems, das den Körper vor Krankheiten und Infektionen schützen soll, lässt nach. Mit zunehmendem Alter werden die Gelenke steifer, die Muskeln verlieren ihre Spannkraft. Das Essen schmeckt nicht mehr so intensiv wie zuvor, Seh- und Hörvermögen sind vermindert. Diese Prozesse verlaufen sehr individuell, doch müssen sich die meisten Menschen früher oder später mit ihnen auseinander setzen.

Was ist der Grund für den langsamen Abbau der Körpertüchtigkeit beim Älterwerden? Eine mögliche Erklärung ist, dass das genetische Material in den Zellen immer wieder kopiert wird, um neue Zellen zu produzieren. Mit der Zeit gibt es – ähnlich wie beim wiederholten Kopieren eines Bildes auf einem Fotokopierer – einen zunehmenden Qualitätsverlust, der zu Fehlern in der Zellproduktion führen könnte. Eine andere Theorie besagt, dass kleinste Mengen Sauerstoff in einer ungünstigen Form ständig im Körper freigesetzt werden. Mit der Zeit sammeln sich diese Sauerstoffmoleküle an den Zellen und stören deren Arbeit. Neueste Forschungsergebnisse führen zu dem Schluss, dass nicht ein einzelner Mechanismus allein für das Altern verantwortlich gemacht werden kann. Stattdessen gibt es viele Erhaltungs- und Reparatursysteme, die in enger Zusammenarbeit die Funktionen des Körpers aufrechterhalten. Das Versagen von Systemen, welche die Zellen konstant überprüfen und auftretende Schäden reparieren, führt zum Abbau und letztendlich zum Tod. Bei der heutigen Lebenserwartung von etwa 80 Jahren stellt sich die Frage, ob der von der Evolution erworbene Bewegungsapparat, der in früheren Zeiten die Belastung von 40 Jahren aushalten musste, dieser verlängerten Lebensspanne gewachsen ist.

Ein besseres Verständnis für die üblichen Alterungsprozesse ist die Voraussetzung dafür, gezielte Strategien für eine Verbesserung oder Kompensation der abnehmenden Funktionen zu entwickeln. Es geht hier um mehr als nur die körperliche Gesundheit. Das Gehirn ist auf gut funktionierende Körpersysteme angewiesen, damit es optimal arbeiten kann. Es lohnt sich daher, sämtliche Möglichkeiten in diesem Bereich auszuschöpfen, obwohl das Ziel nicht sein kann, den jugendlichen Zustand zurückzugewinnen.

Mindestens einmal im Jahr sollte sich jeder ältere Mensch einer umfassenden ärztlichen Kontrolle unterziehen. Dabei ist es wichtig, Lebensweise, Ängste, Hoffnungen und Risiken zu besprechen. Es empfiehlt sich, vor diesem Arztbesuch eine Liste mit wichtigen Fragen und sämtlichen eingenommenen Medikamenten vorzubereiten. Fragen Sie nach, wenn Ihnen etwas nicht klar ist. Wenn Sie wieder zu Hause sind, schreiben Sie die besprochenen Maßnahmen auf und fragen Sie, wenn nötig, nach.

Ein Umdenken lohnt sich in jedem Alter. Verbesserte Ernährungs- und Schlafgewohnheiten zusammen mit einer Zunahme der körperlichen Aktivität haben einen positiven Einfluss sowohl auf körperliche Funktionen wie auch auf das gesamte Wohlbefinden – und zwar auch bei 90-Jährigen. Neue Studien unterstreichen darüber hinaus den Zusammenhang zwischen Herz-Kreislauf-Fitness und Hirnleistungen.

Es ist oft erstaunlich, wie viel mit kleinen Schritten erreicht werden kann. Schon 30 Minuten zügiges Gehen pro Tag senkt beispielsweise das Risiko für Darmkrebs, Altersdiabetes, Herz- und Kreislauferkrankungen, Osteoporose, Gallensteine und Demenz, reduziert Stress und hilft gegen leichte Formen der Depression. Brian Martin vom Schweizer Bundesamt für Sport betont: „Der wesentlichste Schritt zur Verbesserung der Gesundheit ist derjenige von der Inaktivität zu einer halben Stunde mäßig anstrengender Bewegung."

Die Gesundheit fördern

Den Kreislauf in Schwung bringen

Die Bezeichnung von Blut als „Lebenssaft" betont seine zentrale Rolle im Körper. Der Zustand der Blutkörperchen und deren Verteilsystem sind entscheidend für sämtliche Körperfunktionen. Über den Blutkreislauf werden mittels der roten Blutkörperchen alle Gewebe und Organe ernährt und mit Sauerstoff versorgt. Dazu transportiert die Blutbahn wichtige Kommunikationsmittel zwischen den Organen, zum Beispiel Hormone, welche die Funktionen der Organe regulieren; weiße Blutkörperchen, die für die Infektionsabwehr zuständig sind und Blutplättchen, die bei der Wundheilung eine wichtige Rolle spielen.

Der Kreislauf eines 70-jährigen Menschen ist etwa 30 Prozent weniger leistungsfähig als der eines 40-jährigen. Die Herzausstoßleistung sinkt im Alter von 20 bis 60 Jahren um 5–7 Prozent pro Jahrzehnt bei trainierten Menschen und um 15–17 Prozent pro Jahrzehnt bei Menschen ohne Training. Leistungen wie die von George Brunstad, dem 70-jährigen ehemaligen Piloten, der die 34-Kilometer-Distanz von Dover bis Sangatte im eisigen Ärmelkanal durchschwamm und sich nachher „ein bisschen müde, aber in Hochstimmung" fühlte, werden wohl die Ausnahme bleiben.

Ein Absinken der Kreislaufeffizienz hat Konsequenzen. Die Innenwand der Arterien ist mit einer Schicht spezieller Zellen ausgekleidet. Diese ergeben eine glatte Oberfläche, die einen einwandfreien und ungehinderten Blutfluss ermöglicht. Rauchen, Übergewicht, hoher Blutdruck, erhöhte Blutfettwerte, Zuckerkrankheit sowie Bewegungsarmut schädigen diese Zellen und führen zu Ablagerungen an den Innenwänden der Gefäße (Arteriosklerose), was eine Verengung bewirkt. Weniger Blut gelangt zu den Organen. Ihre Leistungen werden vermindert. Müdigkeit und Kälteempfindlichkeit nehmen zu.

Hirnzellen sind besonders empfindlich. Denkprozesse werden langsamer und unzuverlässiger, wenn das Gehirn vermindert durchblutet wird.

Die Situation wird besonders prekär, wenn die Blutzufuhr im Gehirn blockiert wird und der Mensch deswegen einen Hirnschlag erleidet. Die Nervenzellen erhalten zu wenig Nahrung und Sauerstoff und damit zu wenig Energie. Sie werden in wenigen Minuten geschädigt oder sterben ab.

Den Blutdruck unter Kontrolle halten

Ein hoher Blutdruck ist ein Risikofaktor für einen Hirnschlag. Der Blutdruck hat die Tendenz, meist ohne spürbare Symptome mit zunehmendem Alter zu steigen. Eine regelmäßige Kontrolle ist daher unerlässlich. Empfohlene Werte sind eine obere Zahl (systolisch) von unter 140 mm Hg und eine untere Zahl (diastolisch) von unter 80 mm Hg. Bei Übergewicht kann schon eine Gewichtsabnahme den Blutdruck vermindern. Auf das Rauchen sollte man verzichten und Situationen verändern, die zu starkem, andauerndem Stress führen. Wenn dies nicht genügt, gibt es heute wirksame Medikamente, um den Blutdruck zu senken.

Sich bewegen – in jedem Alter

Alle körperlichen Aktivitäten haben eines gemeinsam: Sie erhöhen die Stoffwechsel-Fitness. Das heißt, sie kurbeln sämtliche physikalischen und chemischen Reaktionen an, die uns am Leben erhalten und unser Denken und unsere Handlungen ermöglichen. Traurig ist, dass etwa 30 Prozent der Seniorinnen und Senioren zwischen 65 und 74 Jahren auf jegliche sportliche Aktivität verzichten. Diese

Zahl steigt bei den über 75-Jährigen sogar auf fünfzig Prozent. Sie bedeutet einen Teufelskreis: Je weniger Bewegung, desto geringer die körperliche Fitness und entsprechend auch die Freude an sportlicher Betätigung. Bewegungsmangel wird heute als ebenso schädlich für die Gesundheit eingeschätzt wie Rauchen und sogar als deutlich schädlicher als Übergewicht.

Egal in welchem Alter man mit Sport beginnt – ist es nie zu spät. In jedem Fall wird körperliche Aktivität die Lebensqualität verbessern. Bevor Sie mit einem Trainingsprogramm beginnen, sollten Sie sich von Ihrem Hausarzt untersuchen lassen, um Ihren allgemeinen Gesundheitszustand zu überprüfen. Wenn Sie deutlich übergewichtig sind, sollten Sie Ihr Training mit zusätzlichen Maßnahmen zur Gewichtsreduktion kombinieren. Beim Auswählen einer passenden sportlichen Tätigkeit muss man individuelle Bedürfnisse und Vorlieben berücksichtigen. Es hat keinen Sinn, sich für Golfunterricht anzumelden, wenn Sie viel lieber Bergwanderungen unternehmen würden. Viele Menschen turnen lieber allein, andere genießen es in der Gruppe. Tanzen, Haus- und Gartenarbeit bieten ausgezeichnete Gelegenheiten für körperliche Aktivität.

Die einfachste sportliche Aktivität, die man ohne sportliche Kenntnisse, ohne besondere Geräte oder Kleidung und aufwändige Vorbereitung aufnehmen kann, ist zügiges Gehen, und zwar etwa 30 Minuten täglich. Oft lässt sich dies gut in den Alltag einbauen. Das „Nordic Walking“ hat in den letzten Jahren an Beliebtheit gewonnen. Empfohlen ist eine Geschwindigkeit von 6 bis 9 km/h mit zwei Teleskop-Wanderstöcken. Diese Sportart fördert auch die Muskulatur im oberen Bereich des Körpers und bewirkt 50 Prozent mehr Leistung bei 30 Prozent weniger Gelenkbelastung.

Weitere geeignete Aktivitäten, um Ausdauer und Kraft zu steigern, sind Gymnastikübungen, Tanzen, Wandern und Schwimmen. Zügiges Gehen oder „Nordic Walking“ belastet die Gelenke bedeutend weniger als Jogging. Darüber hinaus ist die Unfallgefahr erheblich geringer. Leichte Gartenarbeit ist sehr zu empfehlen, nicht nur weil sie beruhigend ist und an der frischen Luft stattfindet, sondern weil man sich später am schönen Resultat erfreuen kann.

Damit Training einen wesentlichen Effekt auf die körperliche Fitness hat, muss der Kreislauf angekurbelt werden. Die maximale Pulsfrequenz für Untrainierte ist 220 minus Lebensalter. Für einen 70-Jährigen bedeutet dies 220 –70 = 150. Diesen Wert braucht man, um drei Trainingszonen zu berechnen (siehe Tabelle: Fitness und Pulsrate während des Trainings). Der Puls soll mit der Bewegung leicht ansteigen. Ein hilfreicher Anhaltspunkt ist, dass Sie während der sportlichen Tätigkeit nur leicht ins Schwitzen kommen sollten und dass Sie mindestens 14 Worte nacheinander sprechen können.

Fitness und Pulsrate während des Trainings

Beispiel eines 70-Jährigen

Maximale Pulsfrequenz: 220 –70 = 150 Pulsschläge pro Minute

	Pulsschläge pro Minute	
50 bis 60 Prozent der maximalen Pulsfrequenz	75 bis 90	Fördert die allgemeine Gesundheit
60 bis 70 Prozent der maximalen Pulsfrequenz	90 bis 105	Aktive Fettverbrennung findet statt
70 bis 80 Prozent der maximalen Pulsfrequenz	105 bis 120	Aerobe Zone, erhöht die Fitness

Die Wirksamkeit von Fitnesstraining zeigt eine wissenschaftliche Untersuchung mit Teilnehmerinnen und Teilnehmern im Alter von 60 bis 80 Jahren (siehe Tabelle: Fitness im Alter). Im Vergleich zu Kontrollpersonen, die keine Fitness fördernde Aktivität ausübten, zeigten die Testpersonen wesentliche Fortschritte. Übergewicht wurde vermindert, Atemkapazität und Muskelkraft nahmen zu. Die Testpersonen zeigten eine Verbesserung im Gehtest und im Rumpfbeugen und Hüftbeugen. Darüber hinaus sagten die Teilnehmer, dass sie sich besser fühlten als vor dem Trainingsprogramm. Als Trainingsart haben sich verschiedene Sportarten bewährt. Die Wirkung von Gymnastikübungen auf die getesteten Fähigkeiten war gering.

Fitness im Alter **Aktivitäten, z. B. schnelles Gehen oder Joggen**		
	Männer	Frauen
Alter in Jahren	60 – 80	60 – 70
Tage/Woche	1.5 – 2.5	0,6 – 2,1
Ausdauertraining (km/Woche)	7 – 17	3,0 – 7,4
Konditionstraining (Minuten/Woche)	28 – 90	7 – 88

Für reichlich frische Luft sorgen

Neben genügend Energiestoffen braucht der gesamte Körper eine ausreichende Luftzufuhr. Wenn das Gehirn mit Sauerstoff leicht unterversorgt ist, fühlt man sich schläfrig oder hat Mühe, sich zu konzentrieren. Ein schwerer Sauerstoffmangel führt zu Schwindelgefühlen, Ohnmacht und Bewusstlosigkeit und – wenn er nicht in kurzer Zeit behoben wird – zum Tod.

Die Lungenfunktion nimmt im Alter ab, zum Teil weil die Beweglichkeit der Rippen und die Kraft der Zwischenrippenmuskeln abnehmen. Die Rippenatmung wird eingeschränkt. Damit wird die Bauchatmung wichtiger. Ein wichtiges Zeichen für körperliche und geistige Fitness ist das gemessene „Peak Flow" (maximales Ausstoßvolumen der eingeatmeten Luft). Um es zu messen, muss eine Person mit einem Atemzug die Lunge füllen und dann schnell soviel Luft wie möglich durch ein einfaches Gerät mit einem Rohr ausstoßen.

Die Lungenfunktion steigern

Die Lungenfunktion können Sie auf eine ganz einfache Weise steigern, indem Sie gerade sitzen und stehen und entspannt tief ein- und ausatmen. Eine verbesserte Atemtechnik kann man durch Übungen erlernen. Legen Sie sich beispielsweise auf den Rücken mit den Händen auf dem Bauch und beobachten Sie die Bewegungen Ihres Zwerchfells. Atmen Sie dabei langsam tief ein und aus. Jetzt legen Sie die Hände auf die Rippen und nehmen Sie die Ausdehnung Ihres Brustkorbs wahr. Füllen Sie die ganze Lunge von unten bis zu den Spitzen mit Luft und atmen Sie langsam aus. Atemübungen sind nicht nur für die Einnahme von Sauerstoff wichtig; sie tragen auch zur Entspannung bei und werden deshalb oft in der Schmerzbekämpfung oder in Kombination mit dem Autogenen Training eingesetzt. Sport, Theater, Atemgymnastik und Singen sind sehr zu empfehlen.

Beim Körpergewicht das richtige Maß halten

Übergewicht ist ein Risikofaktor für Kreislaufstörungen, hohen Blutdruck und Diabetes. Als praktisches Maß hat sich das Body Mass Index (BMI) etabliert. Er wird folgendermaßen berechnet: Körpergewicht in Kilogramm dividiert durch Körpergröße in Metern im Quadrat. Nehmen wir an, Sie sind 75 kg schwer und 1,74 Meter groß. Rechnen Sie $75 : 1{,}74^2 = 24{,}8$. Ein BMI unter 18,5 gilt als Indikator für Untergewicht. Personen mit einem BMI zwischen 18,5 und 25 gelten als normalgewichtig, solche mit einem BMI zwischen 25 und 30 als übergewichtig und Menschen mit einem BMI über 35 als fettleibig.

Übergewicht kann man meist durch vermehrte körperliche Aktivität oder durch eine Beschränkung der Kalorienzufuhr unter Kontrolle halten. Die traurige Wahrheit ist, dass wir uns zu wenig bewegen und zu viel essen. Der Steinzeitmensch benötigte ganze 25 Kcal pro Kilogramm Körpergewicht für seine täglichen Aktivitäten; heute brauchen Menschen, die im Büro arbeiten, lediglich 9 Kcal. pro Kilogramm Körpergewicht. Der benötigte Kalorienverbrauch pro Tag sinkt von 2500 Kalorien beim 45-Jährigen auf etwa 2000 Kalorien beim 75-Jährigen. Darüber hinaus kann man mit dem Alter weniger Zucker verarbeiten.

Auch wenn das Thema Übergewicht heute große Aufmerksamkeit in den Medien erfährt – Untergewicht ist ebenfalls nicht gesund. Viele ältere Menschen sind unterernährt. Dies kann zu verminderter Widerstandskraft gegen Krankheiten und Infektionen oder zu Müdigkeit und Schwäche führen.

Eine ausgewogene Ernährung für Körper und Gehirn

Vor 50 Jahren wurden amerikanische Schulkinder vor Prüfungstagen ermahnt, Fisch zu essen, weil das „brain-food", also Nahrung fürs Gehirn sei. Heute finden wir in populären Zeitschriften und Mitteilungsblättern von Drogerien Empfehlungen für Nahrungsprodukte und pflanzliche oder künstlich hergestellte Zusatzsubstanzen, die einen positiven Einfluss auf die körperliche und geistige Fitness haben sollen. Was braucht das Gehirn für seine Arbeit? Können wir durch die Einnahme von ausgesuchten Nahrungsmitteln Hirnleistungen länger aufrechterhalten oder sogar steigern?

Da das Gehirn auf gut funktionierende Körpersysteme angewiesen ist, ist eine ausgewogene Ernährung mit den optimalen Anteilen an Fetten, Eiweißen, Kohlehydraten, Vitaminen und Spurenelementen unerlässlich. Leider besteht die Gefahr, dass viele ältere Menschen nicht genügend essen. Das Essen schmeckt nicht mehr wie früher, weil der Geschmacksinn nachlässt oder weil man zu wenig Bewegung hat und darum kaum noch Appetit bekommt. Einsamkeit oder eine versteckte Depression können die Freude am Essen mindern. Zahnprobleme können das Beißen oder Kauen erschweren. Mit der Verdauung klappt es nicht wie früher.

Natürlich brauchen sämtliche Körperzellen Aufbaustoffe und Energie für ihre tägliche Arbeit. Die hoch spezialisierten Hirnzellen sind jedoch besonders empfindlich. Hirnzellen müssen sich auf eine ständige ausreichende Energiestoffzufuhr verlassen können. Das Gehirn hat nur etwa zwei Prozent des Körpergewichts, doch benötigt es 20 Prozent der täglichen Energiezufuhr. Den größten Teil braucht es für die Aufrechterhaltung seines hoch komplexen Netzwerkes. Es braucht nicht große Mengen Energiestoffe auf einmal, auch nicht für große mentale Anstrengungen. Eine Stunde Denken verbraucht lediglich die Kalorien einer Erdnuss. Andere Zellen können Fette oder Eiweiße in Energiestoffe umwandeln, nicht aber Hirnzellen. Sie brauchen Zucker (Glukose). Wenn der Blutzuckerspiegel zu tief sinkt, klagen Menschen über Müdigkeit und Konzentrationsschwierigkeiten oder sie reagieren gereizt.

Um beispielsweise neue Verästelungen an den Nervenzellen zu bilden, brauchen Hirnzellen Eiweiße. Für das Gehirn ist es einerlei, ob die Eiweiße in Form von Bohnen, Eiern, Fisch oder Fleisch gegessen werden. Das Eiweiß wird zuerst vom Verdauungssystem in Fettsäuren umgewandelt. Die Fettsäuremoleküle werden im Gehirn wieder als Eiweiße aufgebaut.

Eine ausgewogene Ernährung deckt in der Regel den Vitaminbedarf des Körpers. Empfohlen sind mindestens fünf Portionen Obst und/oder Gemüse pro Tag. Doch beim Auftreten von verschiedenen Symptomen wie Blutarmut, Lethargie, Schwäche, Gehstörungen, Kribbeln auf der Haut und Inkontinenz gilt es, einen eventuellen Mangel an Vitamin B^{12} abzuklären. Wenn der Körper nicht in der Lage ist, dieses Vitamin aufzunehmen, kann es schlimmstenfalls zu Psychosen, Depressionen und Demenz kommen. Damit der Körper Vitamin B^{12} aufnehmen kann, muss der Magen eine besondere Substanz produzieren. Im Alter wird diese Substanz mitunter nicht mehr in ausreichender Menge produziert. In diesem Fall kann sie mittels Injektionen verabreicht werden.

Vitaminreiche Früchte und Gemüse spielen eine wichtige Rolle in der Erhaltung der Nervenzellen. Wissenschaftler haben festgestellt, dass bei der Energieverwertung der Zellen kleinste Mengen Sauerstoff in einer ungünstigen Form freigesetzt werden. Diese so genannten „freien Radikale“ verursachen auf den Zellen eine Oxidation, die mit dem Rost auf einer Eisenstange verglichen werden kann. Viele Frucht- und Gemüsesorten enthalten Substanzen (so genannte Antioxidantien), die diesen schädlichen Prozess aufhalten könnten. Antioxidantien finden sich angereichert zum Beispiel in Heidelbeeren, Kirschen, Kiwis, Orangen, Pflaumen, Rosinen, blauen Trauben und Erdbeeren. Unter den Gemüsen sind die Hauptlieferanten von Antioxidantien Rote Bete, Broccoli, Rosenkohl, Mais, Aubergine, Zwiebeln, rote Peperoni und Spinat. Die Forschung beschäftigt sich gegenwärtig intensiv mit der möglichen Bedeutung der antioxidierenden Substanzen in Tomaten und Karotten; diese Substanzen können möglicherweise das Risiko für Alzheimer- und Parkinsonkrankheit sowie Hirnschlag verringern.

Genügend Flüssigkeit ist entscheidend sowohl für den ganzen Körper wie auch für die Arbeit des Gehirns. Empfohlen sind etwa anderthalb Liter pro Tag. Weil das Durstgefühl im Alter abnimmt, wird ausreichend häufiges Trinken oft vergessen. Deshalb ist es ratsam, die „Quelle“ in der Nähe zu haben. Eine Thermosflasche mit Früchte- oder Kräutertee oder eine Flasche Mineralwasser kann man immer in Reichweite bereitstellen. Zum Thema „Flüssigkeit“ gehört auch die manchmal geäußerte Empfehlung, ein bis zwei Gläser Rotwein pro Tag zu genießen. Neben seiner Rolle als Genussmittel und Mittel zur Entspannung wirkt Rotwein der Verkalkung der Arterien entgegen.

Achtung auf Substanzen, die die geistige Leistung mindern

Enorm wichtig ist es, auf Substanzen zu achten, die die geistige Leistung mindern können. Alkohol wird bei älteren Menschen nicht mehr so effizient abgebaut wie in früheren Jahren. Die Kombination von Alkohol und Medikamenten ist besonders gefährlich. Viele Medikamente können allein oder im Zusammenhang mit anderen Mitteln unerwünschte Nebenwirkungen haben. Wenn Sie Medikamente oder pflanzliche Heilmittel einnehmen, besprechen Sie diese Frage mit einer Fachperson. Medikamente, die häufig bei Schlafproblemen, zur Schmerzbekämpfung oder zur Beruhigung eingesetzt werden, können typische Nebenwirkungen wie Müdigkeit, Konzentrationsschwäche, verlangsamte Reaktionen, Gangunsicherheit, verwaschene Sprache und Gefühlsverflachung mit sich bringen.

Veränderungen im Immunsystem beachten

Das Immunsystem, das den Körper vor eindringenden Infektionen schützen soll, wird mit dem Alter weniger effizient. Die Widerstandskraft nimmt ab und die Anfälligkeit für Grippeerkrankungen und andere Infektionen nimmt zu. Für eine 20-jährige Person ist eine Grippe meist nach 14 Tagen völlig überstanden. Bei älteren Menschen besteht jedoch eine größere Gefahr einer Lungenentzündung. Menschen über 60 sollten die Möglichkeit einer Grippeimpfung mit ihrem Arzt besprechen. Eine Grippeimpfung im Herbst kann den Ausbruch der Krankheit verhindern oder zumindest das Risiko für Komplikationen reduzieren. Die Impfung schützt vor „echten" Grippeerkrankungen, jedoch nicht vor üblichen Erkältungen.

Die Abnahme der Abwehrkräfte begünstigt nicht nur Infektionserkrankungen. Sie kann auch Arterienverkalkung und Zuckerkrankheit mitverursachen und die Entstehung eines Magengeschwürs fördern. Karies nimmt im Alter ebenfalls zu. Sie führt nicht nur zu Zahnschmerzen und Zahnverlust, sondern auch zur Bildung von Infektionsherden, die entzündliche Prozesse in anderen Körperteilen auslösen. Ein Besuch beim Zahnarzt sollte unbedingt in regelmäßigen Abständen im Terminkalender stehen. Daneben wird die Verwendung von fluorhaltigen Zahnputzmitteln empfohlen.

Dass das Nervensystem und das Immunsystem miteinander verbunden sind und dass sie zusammen arbeiten, ist heute klar. Was die Ergründung der hochkomplexen Zusammenhänge angeht, steht die Wissenschaft jedoch erst am Anfang. Trauer, schwerer Stress oder depressive Verstimmungen haben eine negative Wirkung auf die körpereigenen Abwehrkräfte. Eine heitere, gelassene Einstellung dagegen fördert die Widerstandskraft und begünstigt die Erholung.

Schlaf: Während der Körper sich erholt, arbeitet das Gehirn weiter

„Early to bed and early to rise,
makes a man healthy, wealthy and wise."[2]

Benjamin Franklin, amerikanischer Staatsmann und Schriftsteller, 1706–1790

Neueste Berichte aus der Schlafforschung bekräftigen – mit Ausnahme des Versprechens von „Reichtum" – das, was der oben zitierte Ausspruch besagt: Schlaf ist nicht nur lebensnotwendig, damit der Körper sich ausruhen kann, sondern auch, weil das Gehirn den Schlaf dazu benutzt, um neu aufgenommenes Wissen oder soeben eingeübten Fertigkeiten zu verfestigen. Die Zeit, in der wir schlafen, besteht aus mehreren abwechselnden Phasen von tiefem und leichtem Schlaf. Kurz nach dem Einschlafen findet eine Tiefschlafphase statt. Gegen Morgen werden die Phasen des leichten Schlafs häufiger. Der leichte Schlaf wird als „REM-Schlaf" bezeichnet wegen der schnellen Augenbewegungen (Rapid Eye Movements), die während dieser Zeit beobachtet werden. Es ist die Phase, in der man häufig träumt.

Während des REM-Schlafs werden hauptsächlich Bewegungsabläufe gefestigt, zum Beispiel das Nachzeichnen einer Figur. Während der Tiefschlafphase werden eher bewusste, verbale Aufgaben konsolidiert. Fakten, die man gerade gelernt hat, werden vom Kurzzeitgedächtnis ins Langzeitgedächtnis verlagert. Nicht von ungefähr kommt der Spruch „Wir sollten darüber schlafen". Am Morgen kommt man oft zu neuen Einsichten. Es wird angenommen, dass während des Schlafs neue Gedanken mit bestehenden Inhalten in neue Muster eingefügt werden, sodass neue Konstellationen entstehen, die gelegentlich als Intuition empfunden werden.

---

[2] Übersetzt etwa: Früh ins Bett und am Morgen früh auf, macht einen Menschen gesund, reich und weise.

Wenn Sie sich am Morgen frisch und konzentrationsfähig fühlen, haben Sie offenbar genügend geschlafen. Viele ältere Menschen klagen jedoch über Schlafprobleme. Es dauert länger, bis sie einschlafen können, sie wachen häufiger während der Nacht auf oder sind schon vor den ersten Sonnenstrahlen wach. Da Schlafmangel zu Ermüdung, Gereiztheit, Gedächtnisproblemen, Lernstörungen und Entscheidungsschwierigkeiten führen kann, sollte er in jedem Alter behoben werden.

Im Allgemeinen kommen ältere Menschen mit etwas weniger Schlaf aus als jüngere. Unter 60 Jahren braucht der Mensch im Durchschnitt eine Stunde Schlaf für zwei Stunden Wachzeit. Mit über 60 Jahren braucht man nur 45 Minuten Schlaf für zwei Stunden Wachzeit. Dies sind jedoch Durchschnittswerte. Im Laufe der Zeit entwickelt jeder Mensch einen individuellen Schlaf-Wach-Rhythmus, der von einem komplexen Zusammenspiel verschiedener Hormone und Neurotransmitter reguliert wird. Wenn dieser Rhythmus gestört wird, wie zum Beispiel bei einer langen Flugreise, braucht der Körper genügend Zeit, um sich auf die neue Zeitzone einzustellen. Andauernder starker Stress kann ebenfalls den Schlaf-Wach-Rhythmus stören.

Es lohnt sich, die eigenen Schlafgewohnheiten zu überdenken. Brauchen Sie lange, bevor Sie einschlafen oder wachen Sie zu früh am Morgen oder mehrmals während der Nacht auf? Bestehen Ihre Schlafprobleme weiter, auch wenn Sie Ihre Ferien an einem anderen Ort verbringen? Es kann helfen, während einiger Tage ein „Schlaftagebuch" zu führen. Schreiben Sie jeden Morgen auf, wann Sie am Abend ins Bett gegangen sind und wann Sie aufgestanden sind. Wenn Sie während der Nacht wach gewesen sind, schreiben Sie auf, wie lange etwa.

Wenn Sie feststellen, dass Sie lange auf den Schlaf warten müssen, versuchen Sie die Gründe zu ermitteln, aus denen Sie Mühe mit dem Einschlafen haben. Viele Menschen sind am Abend gar nicht richtig müde. Vielleicht hatten sie einen langen Mittagschlaf oder zu wenig körperliche Aktivität. In solchen Fällen hilft es, vor dem Mittagschlaf einen Wecker zu stellen und dann einen ausgedehnten Spaziergang an der frischen Luft zu machen. Aber auch ein Mangel an allgemeiner Stimulation kann dazu führen, dass man am Abend nicht bereit ist, die Augen zu schließen. Ausflüge, Kartenspiele mit Freunden, ein Aquarellkurs, das Wahrnehmen einer ehrenamtlichen Aufgabe können dazu beitragen, dass man am Abend gesättigt von Tageseindrücken ist und sich auf die erholsame Nachtruhe freut.

Zu viele Probleme oder zu viel Aufregung bewirken das Gegenteil. Vermeiden Sie aufregende oder problematische Diskussionen nach dem Abendessen. Wenn die abendliche Nachrichtensendung Sie in Aufregung versetzt, lesen Sie lieber die Zeitung am nächsten Morgen.

An zu viel Lärm oder ein schlechtes Bett wird man sich wohl nicht gewöhnen können. Wenn ein Umzug in eine neue Wohnung nicht in Frage kommt, kann man eventuell in ein anderes Zimmer ziehen. Zu überlegen ist auch der Einbau von speziellen Fenstern, die gegen Lärm schützen. Ohrenstöpsel aus Schaumstoff oder Silikon, die seit einiger Zeit in Apotheken und Drogerien erhältlich sind, schützen recht effizient vor störenden Geräuschen. Außerdem hilft möglicherweise leise Musik oder eine neutrale Geräuschkulisse. Es gibt CDs mit Aufnahmen von plätschernden Brunnen, sanften Regenschauern oder ruhigem Wellenschlag am Meer.

Vermeiden Sie am Abend große Mahlzeiten und stimulierende Getränke, wenn Sie im Sinn haben, bald einzuschlafen. Aber nicht nur das Essen und Trinken an sich, sondern auch die Stimulation durch angeregte Unterhaltungen, Musik, neue Eindrücke kann das Gehirn auf Hochtouren bringen.

Häufig hat man nicht genug geschlafen, weil man während der Nacht aufstehen musste. Fragen Sie Ihren Hausarzt, wenn Sie mehr als zweimal pro Nacht auf die Toilette gehen müssen. Wenn Sie mitten in der Nacht aufwachen und nicht wieder einschlafen können, ist es besser, aufzustehen und eine nicht belastende Tätigkeit auszuführen, als sich stundenlang vergeblich im Bett zu wälzen. Ein gutes, aber nicht besonders aufregendes Buch zu lesen, ist oft ein hilfreiches Schlafmittel. Fotos einkleben, eine Schublade aufräumen, stricken, Musik hören können ebenfalls helfen. Wenn Sie sich wieder müde fühlen, schalten Sie das Licht aus und versuchen wieder einzuschlafen.

Ein Grund, warum viele Menschen sich müde fühlen, auch wenn sie meinen, die ganze Nacht gut geschlafen zu haben, ist die so genannte Schlaf-Apnoe. Beinahe ein Viertel aller über 60-Jährigen sind davon betroffen. Mitten im Schlaf hören sie für einige Sekunden auf zu atmen. Der Sauerstoffpegel im Blut sinkt, sie wachen kurz auf und holen wieder Luft, ohne sich am nächsten Morgen an die nächtliche Störung zu erinnern. Schlafapnoe tritt häufiger bei Menschen auf, die übergewichtig sind, einen hohen Blutdruck haben und laut schnarchen. Sie kann erfolgreich behandelt werden. Mögliche Gegenmittel sind Gewichtsabnahme, Medikamente zur Senkung des Blutdrucks, das Absetzen von Schlaftabletten, das Verändern der Schlafposition (nicht auf dem Rücken liegen) oder die Verwendung eines Gerätes, das während der Nacht Mund und Rachen offen hält.

Gelegentlich wachen Menschen beim geringsten Geräusch in der Nacht auf, weil sie einen „Wach-Reflex" entwickelt haben. Sie mussten beispielsweise ständig bereit sein, einer schwerkranken Person zu Hilfe zu eilen. Der Reflex besteht weiter, auch wenn die Notwendigkeit, rasch zu erwachen, nicht mehr besteht. Manchmal hilft in diesem Fall eine Veränderung der Umgebung, damit sie nicht mehr die sofortige Erinnerung an vergangene Situationen wachruft. Das Schlafzimmer kann man in einer neuen Farbe streichen oder das Bett an einen anderen Platz im Zimmer verschieben.

Wichtig ist es, dass Sie nicht ständig von der Angst geplagt sind, zu wenig zu schlafen, denn diese Angst kann den Schlaf vertreiben. Besprechen Sie Ihre Probleme mit Ihrem Arzt/Ihrer Ärztin. Wenn nötig, kann er oder sie Ihnen für kurze Zeit ein Schlafmittel verschreiben. Für schwerwiegende Probleme gibt es spezielle Schlaflabors und -kliniken, in denen die Gründe für die Schlafstörungen gesucht werden und Abhilfe angeboten wird.

Mittagsschlaf verhilft zu einem „neuen Tag"

Langsam hält die Idee auch in Managerkreise Einzug: Ein kurzer Schlaf nach dem Mittagessen kann neue Kräfte wecken. Menschen fühlen sich besser und sind leistungsfähiger. Eine Untersuchung mit 55–85-jährigen Männern und Frauen lieferte den Beweis, dass 30 bis 120 Minuten Schlaf in einem verdunkelten Raum eine positive Wirkung auf Wachheit und Sinnesschärfe hat. Allerdings sollte dieser Mittagsschlaf nicht so ausgiebig sein, dass er das abendliche Einschlafen erschwert.

Chronische Schmerzen verhindern

Schmerz wird von zwei verschiedenen Nervenbahnsystemen übertragen: Die akute Schmerzbahn reagiert schnell und übermittelt die Reize ohne Verzögerung. Das System, das chronische Schmerzen übermittelt, arbeitet langsamer. Das Wahrnehmen von akuten Schmerzen ist eine überlebenswichtige Funktion des Körpers. Dieser Schmerz ist ein Alarmsignal für ein Problem, das angegangen werden muss. Zum Glück stehen uns heute wirksame Mittel zur Verfügung, um die akuten Schmerzen bei Verletzungen, Verbrennungen, Zahnbehandlungen und Operationen zu lindern.

Aber auch chronische Schmerzen müssen behandelt werden. Sie können zu zermürbenden Symptomen führen, wie Konzentrationsschwierigkeiten, Schlaflosigkeit, Ungeduld, Gereiztheit bis hin zu ernsthaften depressiven Verstimmungen. Sie können jede Freude am Leben zum Erlöschen bringen. Früher galt es als heldenhaft, solche Schmerzen zu verschweigen und geduldig zu ertragen – ein Stück weit wohl auch deshalb, weil keine wirksamen Mittel gegen sie zur Verfügung standen. Heute findet ein Umdenken statt. Chronische Schmerzen müssen nicht sein. Neue Erkenntnisse aus der Medizin und der Hirnforschung helfen uns, chronische Schmerzen besser zu verstehen und wirksame Strategien zu entwickeln, um sie zu bekämpfen.

Wenn ein Schmerzzustand lange andauert, besteht die Gefahr, dass er sich verselbstständigen kann, auch wenn die Ursache bereits beseitigt wurde. Schmerz ist ein Zeichen dafür, dass Schmerzempfindungsstellen an den Enden der Nerven gereizt worden sind. Die Nerven leiten das Signal weiter an den Hirnstamm und die Hirnrinde. Diese Verbindungen sind weit verzweigt und diffus; dies ist ein Grund dafür, warum Patienten oft nicht in der Lage sind, die Quelle der chronischen Schmerzen exakt anzugeben. Wenn die Schmerzsignale ununterbrochen über längere Zeit gesendet werden, können sich die Verbindungen ins Gehirn verfestigen. Der Schmerz wird sozusagen vom Gehirn „gelernt" und wird chronisch. Es braucht dann eine längere Zeit des Erholens, bis dieser Lernprozess rückgängig gemacht wird und die chronischen Schmerzen abklingen.

Es ist sehr wichtig, die Ursachen von Schmerzen abzuklären. Chronische Schmerzen sind ein Signal an die Umwelt, dass eine Person Hilfe braucht. Dabei gilt es, körperliche, psychologische und soziale Faktoren in Betracht zu ziehen. Heute gibt es Kliniken oder Abteilungen in Krankenhäusern, die sich auf die Abklärung und Behandlung von Schmerzen spezialisiert haben.

Die Behandlung von chronischen Schmerzen bedeutet mehr als nur die richtige Tablette einzunehmen. Alter, Temperament und Lebensweise des Patienten müssen berücksichtigt werden. Verschiedene Strategien müssen zur Anwendung kommen. Oft muss in einer ersten Phase ein hochwirksames Medikament eingesetzt werden, um eine Entzündung zu hemmen und den Reizzustand zu dämpfen. Gleichzeitig kann eine Physiotherapie empfehlenswert sein. Aktivität spielt heute eine wichtige Rolle bei der Behandlung rheumatischer Erkrankungen. Regelmäßiges Training, das auf die Entspannung, Dehnung und Stärkung der Muskeln zielt, lindert Arthritis-Schmerzen oder Schmerzen, die von Abnutzungserscheinungen an Gelenken verursacht sind. „Biofeedback"-Therapien und Entspannungstraining (Autogenes Training) können ebenfalls eine positive Wirkung zeigen. Vielen Patienten hilft Akupunktur, auch wenn die Wirkungsmechanismen nicht bekannt sind.

Hirnschlägen vorbeugen

In Deutschland erleiden jährlich etwa 200 000 Menschen einen Hirnschlag (Apoplexie), eine Schädigung von Gehirngewebe aufgrund einer Hirnblutung oder einer Blockierung der Blutzufuhr im Gehirn. Wenn die Symptome weniger als eine Stunde dauern, spricht man von einer Streifung.

Vier von fünf Hirnschlägen werden durch ein Blutgerinnsel in einem Hirngefäß ausgelöst, indem das Gerinnsel die Blutzufuhr blockiert. Wenn sich das Gerinnsel an Ort und Stelle bildet, spricht man von einer Thrombose. Bildet es sich an einem anderen Ort, zum Beispiel bei einem Vorhofflimmern im Herzen, können Teile des Gerinnsels mit dem Blut ins Gehirn transportiert werden und dort ein Gefäß verstopfen. In diesem Fall spricht man von einer Embolie.

Symptome einer Streifung oder eines Hirnschlags

- Plötzliche Lähmung, Schwäche oder Taubheitsgefühl auf einer Körperseite (Gesicht, Arme, Beine)
- Plötzliche Sehstörungen oder Blindheit in einem oder in beiden Augen, Blickwendungsschwäche
- Plötzlich auftretende Schwierigkeiten beim Sprechen oder Verstehen
- Anhaltende Schwindelgefühle und Gleichgewichtsstörungen
- Plötzliche, ungewöhnlich schwere, unerklärbare Kopfschmerzen
- Bewusstseinsstörung
- Plötzliche Verwirrtheit

Bei einer Streifung verschwinden die Symptome meistens innerhalb einiger Minuten oder Stunden.

⟶ Sofortige Abklärung, eventuell Prophylaxe ist unbedingt erforderlich.

Seltener, das heißt bei einem von fünf Hirnschlägen, wird die Schädigung des Hirngewebes durch eine Blutung direkt ins Hirngewebe verursacht. Dies hat im Allgemeinen schwerwiegendere Folgen als ein durch Blutgerinnsel verursachter Hirnschlag.

Ein Hirnschlag ist immer eine Notfallsituation. Werden Hirnschlag-Patienten innerhalb von 2–3 Stunden nach Beginn der Symptome in eine Klinik eingewiesen, besteht eine gute Chance für die Auflösung einer Thrombose. Leider erfolgt die Einweisung in die Klinik oft zu spät, weil Patienten und Angehörige die Symptome eines Hirnschlags übersehen oder die Dringlichkeit der Situation nicht realisieren. Die Universität Münster hat deshalb Patientenorganisationen einbezogen, um die Bevölkerung über die Hirnschlagsymptome aufzuklären. Diese Gruppen können dank ihrer direkten persönlichen Erfahrung auch dazu beitragen, neue Patienten und Patientinnen für die oft recht lange und intensive Rehabilitation zu motivieren.

Hirnschlag:
Die zehn wichtigsten beeinflussbaren Risikofaktoren

1. Lassen Sie mindestens einmal jährlich Ihren Blutdruck messen. Wenn Ihnen blutdrucksenkende Medikamente verschrieben wurden, nehmen Sie diese täglich ein.
2. Lassen Sie Ihre Blutfettwerte alle fünf Jahre kontrollieren.
3. Kontrollieren Sie ebenfalls Ihren Blutzucker, insbesondere wenn Zuckerkrankheit in der Familie vorkommt.
4. Verschaffen Sie sich täglich mindestens eine halbe Stunde körperliche Bewegung.
5. Vermeiden Sie Übergewicht. Achten Sie auf eine ausgewogene, nicht zu fetthaltige Ernährung mit täglich mindestens fünf Portionen Obst, Salat und Gemüse.
6. Verzichten Sie auf das Rauchen.
7. Vermeiden Sie Stress. Sorgen Sie für regelmäßige Entspannung im Alltag.

8. Wenn bei Ihnen eine Herzkrankheit (z. B. ein Vorhofflimmern, eine Angina pectoris, ein Herzinfarkt) festgestellt wurde oder wenn Sie bereits eine Streifung hatten, ist es allerhöchste Zeit, Risikofaktoren auszuschalten und die vom Arzt verordneten Medikamente zuverlässig einzunehmen.
9. Senken Sie den Alkoholkonsum: für Männer nicht mehr als zwei Gläser Wein oder zwei kleine Flaschen Bier oder ein Gläschen Hochprozentiges pro Tag, für Frauen die Hälfte.
10. Schlaf-Apnoe-Syndrom abklären. Das Schlaf-Apnoe-Syndrom betrifft vor allem starke Schnarcher und führt zu mehrfachen Atempausen mit Sauerstoffabfällen während des Schlafs.

Adaptiert aus:
Schweizerische Herzstiftung 2004, Prof. Dr. med. H. Mattle

Streifungen erkennen, behandeln und vorbeugen

Kürzlich erzählte mir eine Dame nach einem Vortrag, den ich zum Thema Alter gehalten hatte, die Geschichte ihrer Nachbarin. Die Nachbarin fühlte sich plötzlich unwohl; es wurde ihr schwarz vor den Augen und sie fiel in Ohnmacht. Nach einigen Minuten im Bett war alles vorbei. Sie fühlte sich wieder besser und ignorierte den Zwischenfall. Am nächsten Tag fand ihr Mann sie am Boden liegend mit einem schweren Hirnschlag. Meine Zuhörerin wollte wissen, ob dieser Hirnschlag zu vermeiden gewesen wäre, wenn man die Frau rechtzeitig in eine Klinik gebracht hätte.

Eine 100-prozentig sichere Antwort auf diese Frage gibt es nicht, aber die Chancen, diesen schweren Hirnschlag zu verhindern, wären eindeutig besser gewesen, wenn die Nachbarin nach dem ersten Anfall von Bewusstlosigkeit ärztliche Hilfe gesucht hätte.

Eine Streifung ist ein Notfall, denn obwohl die Symptome meistens innerhalb einer Stunde verklingen, ist das Risiko eines Hirnschlags groß. Eine sofortige Abklärung durch den Arzt ist notwendig, damit möglichst rasch eine optimal vorbeugende Behandlung erfolgen kann.

Auch wenn eine Streifung keine unmittelbaren Folgen zu haben scheint, kann sie gefährliche Narben im Gehirn hinterlassen. Dies wissen wir aus den Resultaten der in Kapitel 2 beschriebenen Nonnenstudie. Den Nonnen des Notre Dame-Klosters in den USA haben wir es zu verdanken, dass Forscher zu Erkenntnissen von unermesslichem Wert für die Bekämpfung der Alzheimerkrankheit gelangt sind. Vom Moment ihres Eintritts in den Orden mit etwa 20 Jahren bis zu ihrem Tod werden die Nonnen in regelmäßigen Abständen medizinisch und psychologisch untersucht. Eine Diagnose der Alzheimerkrankheit kann mit völliger Sicherheit nur nach dem Tod gestellt werden. Dann zeigt die Obduktion, dass viele Hirnzellen verformt sind und dass sich auf der Zelloberfläche Ablagerungen von abnormen Eiweißstoffen (Plaques) befinden.

Die Hirnuntersuchungen förderten eine überraschende Tatsache zu Tage: Bei den Nonnen, die an der Alzheimerkrankheit gelitten hatten, hing der Schweregrad der Krankheitssymptome nicht nur von der Anzahl der Plaques im Gehirn ab, sondern von der Kombination aus Plaques und Narben von früher erlittenen Streifungen. Viele Plaques zusammen mit vielen Narben zeugten von schweren Alzheimersymptomen. Die Kombination weniger Plaques mit vielen Narben war typisch für etwas weniger ausgeprägte Alzheimersymptome. Eine hohe Anzahl Plaques bei nur wenigen Narben wurde bei noch leichteren Symptomen festgestellt. Wies das Gehirn bei der Obduktion nur wenige Plaques und wenige Narben auf, so deutete dies auf ein Fehlen von Alzheimersymptomen hin. Aus diesem Resultat lässt sich eine mögliche Vorbeugungsstrategie ableiten; denn das Risiko für Streifungen kann durch Medikamente und durch Änderungen in der Lebensführung gesenkt werden (siehe Kasten „Zehn Tipps“ weiter oben in diesem Kapitel). Dass Vorbeugungsmaßnahmen wirksam sein können, zeigen die erfreulichen Resultate einer englischen Studie.

Obwohl die Anzahl der über 75-Jährigen in Oxford und Umgebung zwischen 1981 und 2004 zugenommen hat, hat die Zahl der Schlaganfälle in diesem Teil der Bevölkerung während dieser Zeit leicht abgenommen. Darüber hinaus hat das Risiko für eine vom Schlaganfall verursachte Behinderung um ganze 40 Prozent abgenommen. Diese positive Tendenz ist das Resultat von Präventionsmaßnahmen, besseren Untersuchungsmethoden, verfeinerten medizinischen Techniken und Fortschritten in der Therapie.

Die Plastizität des Gehirns: Eine Chance für die Therapie

Früher galten Schädigungen des Gehirns als nicht mehr rückgängig zu machen, weil tote Nervenzellen nicht wieder zum Leben erweckt werden können. Dies führte bei vielen Menschen nach einem Hirnschlag zu Fatalismus und Resignation. Inzwischen hat sich gezeigt, dass die Plastizität des Gehirns auch nach Schädigungen erhalten bleibt. Daraus ergeben sich hoffnungsvolle Möglichkeiten zur Regeneration.

Ein Beispiel für die Plastizität des Gehirns liefert ein Trainingsprogramm zur Rehabilitation nach einem Hirnschlag. Patienten, die vor bis zu 17 Jahren einen Hirnschlag erlitten hatten, nahmen an einem Therapieversuch teil. In früheren Zeiten wurde, wenn beispielsweise der rechte Arm eines Patienten gelähmt war, sein linker Arm intensiv trainiert. In diesem neuen Programm wurde jedoch der linke, gesunde Arm des Patienten so eingebunden, dass er ihn nur noch wenig benutzen konnte. Gleichzeitig erhielt er mehrere Stunden Physiotherapie pro Tag und musste zum Beispiel damit beginnen, mit der rechten Hand kleine Dominosteine aufrecht hinzustellen. Zu Beginn waren die Bewegungen schwach und unkontrolliert, doch mit der Zeit ging es immer besser. Schon nach wenigen Wochen zeigte der Patient eindeutige Fortschritte im Gebrauch der rechten Hand. Sie konnten auch durch Untersuchungen direkt im Gehirn gemessen werden.

Was war passiert? Nach einem Hirnschlag werden spezielle körpereigene „Abraumzellen“ aktiviert, welche die zerstörten Nervenzellen abtragen und Platz um die überlebenden Nervenzellen herum frei machen. Durch Aktivität werden körpereigene Wachstumsfaktoren freigesetzt, die die überbleibenden Nervenzellen dazu anregen, neue Fortsätze wachsen zu lassen. Diese bilden neue Schaltkreise und ermöglichen die Wiederaufnahme der Funktionen.

Eine solche Therapie kann auch Jahre nach einem Hirnschlag aufgenommen werden und ein konsequentes Training kann die Funktion des gelähmten Arms zum Teil wieder herstellen. Das Trainingsprogramm stellt hohe Anforderungen an die Geduld und Ausdauer der Patienten und kann nur erfolgreich sein, wenn noch eine genügende Anzahl an Neuronen, die aktiviert werden können, vorhanden ist. Das oben beschriebene Experiment hat gezeigt, dass gesunde Neuronen prinzipiell fähig bleiben, neue Verbindungen zu knüpfen. Zur Zeit geht man der Frage nach, ob unreife Zellvorstufen (Stammzellen), die im erwachsenen Gehirn noch vorhanden sind, zum Auswachsen stimuliert werden können, damit sie die Funktionen der abgestorbenen Zellen übernehmen können.

Beweglich bleiben

Eines Tages stellen Sie fest: Das Einsteigen ins Auto und das Treppensteigen werden zunehmend mühsam. Sie verlieren gelegentlich das Gleichgewicht oder stolpern über Türschwellen. Gegenstände, die zu Boden fallen, werden mit einem tiefen Seufzer aufgenommen.

Mit zunehmendem Alter nimmt ganz allmählich die Beweglichkeit ab. Der Verlust an Mobilität kann aber auch als Resultat einer Erkrankung oder eines Unfalls ganz plötzlich den gewohnten Lebensrhythmus durcheinander bringen. In schweren Fällen, zum Beispiel nach Unfällen mit komplizierten Knochenbrüchen, kann der Verlust an körperlicher Beweglichkeit eine einschneidende Verminderung der Autonomie und sogar die Einweisung ins Pflegeheim bedeuten.

Mobilitätsprobleme, die im Verlauf der Erwachsenenjahre entstehen und im Alter zu wesentlichen Behinderungen führen können, haben verschiedene Ursachen. Der aufrechte Gang des Menschen – ein großer Schritt in der Entwicklung des einzelnen Menschen wie der Menschheit insgesamt – ist ein Wunderwerk der Mechanik, der Biologie und der Hirnleistung. Die zwei Basiselemente, das Skelett und die Muskeln, sind tagtäglich größten Belastungen ausgesetzt. Dass sie mit der Zeit Abnutzungserscheinungen aufweisen, ist daher nachvollziehbar, besonders wenn wir berücksichtigen, dass der aufrechte Gang zu einer Zeit in der Evolution aufgetreten ist, als Menschen eine Lebenserwartung von unter 40 Jahren hatten.

Körperliche Veränderungen erschweren die Beweglichkeit im Alter. Die Körpergröße nimmt speziell bei Frauen nach 50 Jahren ab. Das Gewicht nimmt zu und Fett sammelt sich an Taille und Hüften an. Die Muskelmasse nimmt zwischen 40 und 70 Jahren um 10 bis 20 Prozent ab und zwischen 70 und 80 Jahren um 30 bis 40 Prozent. Zwischen 20 und 90 Jahren nimmt die Knochendichte um 5 bis 12 Prozent pro Jahrzehnt ab, und zwar bei Frauen stärker als bei Männern. Dies erhöht das Risiko für Knochenbrüche. Im Alter von 20 bis 30 Jahren beginnt der Abbau des Gelenk-Knorpels.

Ein Kamerateam der britischen BBC zeigte einen beeindruckenden Vergleich der Bewegungen von älteren und jüngeren Menschen. Es filmte eine 70-jährige Großmutter und ihre 18-jährige Enkelin beim Aufstehen von einem einfachen Stuhl mit Armlehnen. Die Bewegungen der Großmutter sahen äußerst elegant und graziös aus. Doch die Detailbeobachtung des Skeletts zeigte, dass sie komplizierter waren als die Bewegungen der Enkelin und dass sie mehr Zeit in Anspruch nahmen. Die Großmutter bereitete sich einige Sekunden auf das Aufstehen vor und verteilte ihr Gewicht auf die beiden Armlehnen. Dann stemmte sie sich mit den Händen gegen die Armlehnen und richtete sich langsam auf. Die Enkelin brauchte ihre Arme überhaupt nicht, um sich abzustützen, sondern nutzte die Kraft ihrer Beine. Mit einem Schwung stand sie auf.

Im Alter werden bei einer falschen Bewegung die nötigen Korrekturmechanismen oft zu spät oder zu langsam ausgeführt.

Eine der häufigsten Unfallursachen ist das Anziehen von Hosen beim Stehen. Wenn wir den Weg eines Befehls durchs Nervensystem verfolgen, ist es klar, dass dabei einiges schief gehen kann. Nehmen wir an, Sie haben sich im Hosenbein verfangen und wollen sich durch einen schnellen Schritt mit dem rechten Fuß nach rechts auffangen. Mittels der Nervenzellen im vorderen Teil Ihrer Hirnrinde fassen Sie den Entschluss, den Fuß zu bewegen. Das Signal geht an die Nervenzellen in einem weiteren Hirnrindenareal, das zuständig für die Ausführung von Bewegungen ist. Von dort geht ein Signal an Nervenzellen im Rückenmark, die dann Kontakte zu den Muskelfasern haben und diesen befehlen, sich entweder anzuspannen oder sich zu entspannen. Leider wird im Alter die Isolierschicht um die Nerven, das Myelin, in verschiedenen Teilen des Nervensystems langsam abgebaut. Das Signal reist daher langsamer den Nerv entlang. Es dauert folgerichtig länger, bis der Entschluss, den Fuß zu bewegen, verwirklicht werden kann.

Als ob das nicht kompliziert genug wäre, müssen Signale auch zwischen anderen Zentren im Gehirn ausgetauscht werden. Das Kleinhirn (Cerebellum) überwacht und kontrolliert die Bewegungen. Es sendet Signale aus, die kleine Korrekturen der Muskeltätigkeit befehlen, um den Körper im Gleichgewicht zu halten. Wenn dieses System nicht schnell und zuverlässig funktioniert, besteht die Gefahr eines Sturzes. Andere Hirnorgane, die so genannten Basalganglien, sind ebenfalls an der Ausführung von Muskelbewegungen beteiligt. Die Basalganglien sind bei der Parkinsonkrankheit besonders betroffen.

Wenn es auf Schnelligkeit der Reaktionen ankommt, sind ältere Menschen benachteiligt. Wenn zum Beispiel jüngere und ältere Menschen aufgefordert werden, sofort eine bestimmte Taste auf einer Schreibmaschinentastatur zu drücken, brauchen 20-Jährige im Durchschnitt 25 Sekunden, 70-Jährige mehr als 30 Sekunden. Dies heißt aber nicht, dass ältere Menschen unfähig sind, neue Fertigkeiten zu lernen. In einem von der Deutschen Forschungsgemeinschaft unterstützten Projekt wurden Personen im Alter von sechs bis 89 Jahren in die Kunst des Jonglierens mit Tüchern und

Bällen eingeweiht. Am meisten profitierten die 15- bis 19-Jährigen, aber auch die Erwachsenen zeigten beachtliche Erfolge. Personen über 75 Jahren und unter zehn Jahren fielen gegenüber dem Durchschnitt ein wenig ab, doch hatte am Schluss sogar ein über 80-Jähriger das Jonglieren mit drei Bällen gelernt.

Besondere Probleme stellen sich beim Autofahren. Dabei sind neben guter Sicht auch körperliche Beweglichkeit und schnelle Reaktionen wichtig. Zu bedenken gibt die Tatsache, dass 80-jährige Autofahrer pro gefahrenen Kilometer das gleiche Unfallrisiko haben wie 18- bis 25-jährige. Während bei den jüngeren Fahrern eine überhöhte Geschwindigkeit die häufigste Unfallursache ist, haben Ältere Mühe, auf unerwartete Ereignisse sofort zu reagieren. Zusätzliche Schwierigkeiten sind eingeschränkte Körperbeweglichkeit, Seh- und Hörprobleme und eventuell mangelnde Übung. Ältere Menschen werden vom hellen Licht stärker geblendet und ihre Augen brauchen mehr Zeit, um sich nach der Fahrt durch einen Tunnel an die Helligkeit anzupassen. Der Entschluss, den Führerschein freiwillig abzugeben, kann eine weise Entscheidung sein.

Was Sie tun können, um Ihre Beweglichkeit zu verbessern

Obwohl Einschränkungen der Beweglichkeit nicht ganz zu vermeiden sind, gibt es eine Reihe wirksamer Maßnahmen, die Autonomie und Lebensqualität erhöhen und das Risiko von folgeschweren Unfällen reduzieren. Mobile Menschen können länger in ihrer vertrauten Umgebung wohnen, mehr von ihrer Umwelt erleben und sind viel weniger auf fremde Hilfe angewiesen. Als Erstes gilt: in Bewegung bleiben. Wenn Sie seit Jahren Tennis gespielt haben, Bergwanderungen unternommen oder im Team auf dem See gerudert haben, bleiben Sie dabei. Messen Sie aber Ihre Leistungen nicht mit denen jüngerer Menschen oder mit ihren eigenen, in jüngeren Jahren erreichten „Rekorden". Wenn Sie ein eher „sesshaftes" Leben führen, ist es Zeit, sich in Bewegung zu setzen.

Treffen Sie Maßnahmen gegen die Sturzgefahr

Wenn man die Unfallstatistik genauer anschaut, könnte man meinen, dass die eigenen vier Wände ein Ort großer Gefahr seien. Auch jüngere Leute fallen gelegentlich beim Fensterputzen von Leitern oder rutschen auf nassen Fußböden aus. Doch 30 Prozent der Menschen über 65 Jahren erleiden mindestens einen Unfall pro Jahr, häufig bei den folgenden Tätigkeiten: Gehen, Treppensteigen, vom Stuhl aufstehen, in der Dunkelheit aufstehen, Hosen anziehen. Je älter man wird, desto gravierender sind die Folgen und desto länger die Erholungszeiten. Dabei wären viele dieser Unfälle zu vermeiden. Machen Sie eine Tour durchs Haus oder die Wohnung und notieren Sie mögliche Gefahrenquellen: Können Sie Lichtschalter leicht erreichen und sind Wohnräume, Korridor und Treppen genügend beleuchtet? Müssen Sie kleine Teppiche besser befestigen, ein Treppengeländer einbauen lassen, Sicherheitsgriffe im Bad montieren? Liegen Kabel herum, über die man stolpern könnte? Wäre es ratsam, eine Person zum Putzen anzustellen oder für die Gartenarbeit? Viele Seniorenzentren bieten einen Beratungsdienst an. Speziell ausgebildete Personen können praktische Hinweise geben, wie sich die Gefahren, oft mit einfachen Maßnahmen, reduzieren lassen.

Ausgewogene körperliche Aktivität ist sehr wichtig, um Muskelkoordination und Gleichgewicht zu verbessern. Machen Sie ausgiebige Spaziergänge, benutzen Sie möglichst oft die Treppe statt den Aufzug. Üben Sie das Aufstehen von einem Stuhl.

Das Gleichgewicht zu behalten erfordert neben guter Muskelkontrolle die Zusammenarbeit von verschiedenen Systemen. Über die Augen aufgenommene Informationen werden mit Informationen vom Innenohr verglichen. Wenn diese beiden Quellen nicht übereinstimmen, empfindet der Mensch Unsicherheit und Schwindel. Die Erhaltung des Gleichgewichts hängt auch von Impulsen von Tastrezeptoren an den Fußsohlen ab. Diese werden mit dem Alter weniger empfindlich, mit dem Resultat, dass dem Gehirn die nötigen Positionssignale fehlen. Forscher arbeiten an einer vibrierenden Schuh-Einlage, die diesen Mangel korrigieren soll. In einem

Test stellten sie ihre Probanden auf diese Sohlen und ließen sie mit geschlossenen Augen das Gleichgewicht halten. Dabei wurde gemessen, wie stark die Personen beim Stehen um die Schwerpunktachse herum pendelten. Erfolgte die Vibration – und damit die Stimulation der Tastrezeptoren – in der richtigen Stärke, standen 70-Jährige plötzlich ebenso zentriert wie 20-Jährige.

Osteoporose vorbeugen

Während des gesamten Lebens wird Knochenmaterial auf- und abgebaut, doch findet im Alter der Abbau schneller statt als der Aufbau. Sowohl bei Männern wie auch bei Frauen beginnt die Muskelmasse nach dem vierzigsten Lebensjahr abzunehmen. Zu wenig körperliche Bewegung, eine zu geringe Aufnahme von Kalzium mit der Nahrung und das Rauchen begünstigen die Osteoporose. Bei der Altersosteoporose wird hauptsächlich weniger Knochenmaterial gebildet, während bei Frauen nach der Menopause Knochensubstanz beschleunigt abgebaut wird. Die Knochen werden brüchig und Stürze können besonders gefährlich sein. Es ist sehr wichtig, den Knochenzustand untersuchen zu lassen und, wenn nötig, die Frage eines Kalziumzusatz-Präparats zur Nahrungsergänzung oder einer Hormonersatztherapie mit dem Arzt zu besprechen. Um die Gelenke zu schonen und die Gefahr von Stürzen zu vermeiden, sind Gehen und Schwimmen besser als Jogging.

Die Muskeln stärken

Muskelschwäche ist der Auslöser vieler Altersbeschwerden. Schwache Muskeln sind nur beschränkt fähig, verlangsamte Reaktionszeiten und auftretende Gleichgewichtsprobleme auszugleichen. Regelmäßiges Training führt zu erhöhter Beweglichkeit, lindert Arthroseschmerzen, stabilisiert die Position der Gelenke und unterstützt den Gleichgewichtsinn. Eine Untersuchung mit Teilnehmern im Alter von 86 bis 96 Jahren zeigte, dass sich Training auch im höheren Alter lohnt. Nach acht Wochen mit jeweils 30

Minuten Training an ein bis zwei Wochentagen zeigten die Teilnehmer einen Kraftgewinn von 174 Prozent, einen Muskelgewebezuwachs von neun Prozent und eine 48-prozentige Steigerung der Gehgeschwindigkeit.

Um die Muskeln zu stärken, müssen Sie Ihre Kraft gezielt gegen einen Widerstand stemmen. Bevor Sie mit dem Training beginnen, sollten Sie von einem erfahrenen Physiotherapeuten angeleitet werden. Danach folgt ein regelmäßiges und konsequentes Training. Wenn ein Fitnesszentrum mit einer guten Betreuung in der Nähe ist, stehen individuell verstellbare Kraftmaschinen zur Verfügung. Gymnastikübungen kann man gut zu Hause machen, eventuell mit einem dehnbaren Gymnastik-Band. Eine bequeme Kunststoffmatte kann man auf den Boden ausbreiten. Dann noch die CD mit der Lieblingsmusik auflegen und es kann losgehen.

Schwindel vermeiden

Wenn es uns gut geht, verschwenden wir keinen Gedanken auf die anspruchsvolle Arbeit der Systeme, die den Körper bei Positionsänderungen aufrecht halten. Nehmen wir an, Sie stehen nach dem Mittagsschlaf oder einem ausgiebigen Essen schnell auf: Es wird Ihnen schwarz vor den Augen. Sie drehen sich rasch zur Seite und plötzlich dreht sich der ganze Raum. Bei Patienten über 65 ist Schwindel – nach Kopfschmerzen – der häufigste Grund, einen Arzt aufzusuchen. Je nach Ursache des Schwindels gibt es Mittel zur Behebung der Störung. Zuerst gilt es, beim Arzt abzuklären, ob irgendwelche Gesundheitsprobleme bestehen. Welche Medikamente werden eingenommen? Bestehen Gefäß- oder Kreislauferkrankungen?

Eine häufige Ursache des Schwindels ist eine verminderte Durchblutung des Innenohrs. Verspannte Muskeln, allgemeine Kreislaufprobleme, spezielle Engpässe der Blutgefäße, die zum Innenohr führen, oder eine momentane Herabsetzung der Blutzufuhr ins Gehirn können zu Schwindel führen. Muskelverspannungen, besonders in der Nackenpartie, können die Blutzufuhr ins Gehirn vermindern. In diesem Fall sind Entspannungsübungen für den oberen Rücken, Schultern und Nacken angesagt.

Schwindel kommt auch vor, wenn Signale vom Auge und vom Gleichgewichtssinn nicht im Einklang sind. Es gibt wirksame, einfache Übungen für die Augenmuskeln, um sie zu trainieren. Stellen Sie zum Beispiel zwei kleine Gegenstände etwa 1,5 Meter voneinander getrennt auf einem Tisch auf. Sitzen Sie bequem in etwa einem Meter Entfernung und schauen Sie abwechselnd die beiden Gegenstände an, ohne dabei den Kopf zu bewegen. Wenn Sie sich beim Stehen auf einem Bein oder beim Treppensteigen unsicher fühlen, hilft es, sich mit den Augen an einem Fixpunkt „festzuhalten". Auch beim Drehen des Kopfes hilft das „Fixpunktsystem". Drehen Sie den Kopf langsam und fokussieren sie dabei auf ein Objekt nach dem anderen.

Haltung bewahren

Obwohl das Erlebnis schon viele Jahre zurückliegt, hat meine Erinnerung an den charmanten Fremden nichts an Frische eingebüßt. Aus einer Distanz von etwa 50 Metern kam er mir auf der Bahnhofstraße in Zürich entgegen. Schon von weitem merkte ich, dass dieser Mann etwas Besonderes war: wie er den Kopf hochhielt und selbstsicher um sich herumschaute, wie energisch er mir entgegenschritt, wie er lächelte, als ob die ganze Welt ihm freundlich gesinnt wäre. Erst später habe ich erfahren, dass dieser Mann Maurice Chevalier war. Er war damals über 70.

Im Gegensatz zu Monsieur Chevalier sehen ältere Menschen oft älter aus, als sie in Wirklichkeit sind. Sie scheinen sich häufig unter der Last der Jahre zu beugen. Oft beginnt man ganz unbewusst, die Füße beim Gehen nicht mehr richtig zu heben, sondern „nachzuschleifen". Diese Gewohnheit wird gefährlich, wenn niedrige Hindernisse, wie Türschwellen und Gehsteigränder, im Wege stehen. Wenn die Muskelkraft nachlässt, sinken Hals und Schultern. Dies hat einen negativen Einfluss nicht nur auf die äußere Erscheinung. In einer solchen Position wird es außerdem schwierig, die Lungen genügend mit Luft zu füllen.

Eine entspannte, aufrechte Körperhaltung strahlt Neugierde, Verbundenheit und Tatkraft aus – Eigenschaften, welche die Lebensjahre in den Hintergrund treten lassen. Dies kann eine zusätzliche Motivation für körperliches Training sein.

Eine umfassende Sinneswahrnehmung aufrechterhalten

Unsere Sinne sind die Antennen, mit denen wir Information über unsere Umwelt und unseren Körper aufnehmen. Wenn wir weniger gut sehen, hören, schmecken, riechen und tasten, geht lebenswichtige Information verloren. Sinnesfunktionen machen bis zu 50 Prozent der kognitiven Leistungen aus. Sind sie beeinträchtigt, verblasst die Freude an der Vielfalt der Natur. Das Alltagsleben und das Zusammensein mit anderen Menschen werden erschwert. Es ist daher äußerst wichtig, Korrektur- und Kompensationsmöglichkeiten einzusetzen.

Nach dem jungen Erwachsenenalter beginnt die Effizienz der Sinnesfunktionen nachzulassen. Dies ist zum großen Teil auf Abbauprozesse in den Sinnesorganen selbst zurückzuführen. Ein hohes Alter muss aber nicht unbedingt ernsthafte Behinderungen bedeuten. Vierundachtzig Prozent der über 85-Jährigen, die zu Hause leben, können eine Zeitung mit Hilfe der Brille lesen, 71 Prozent können einem Gespräch ohne Hörgerät gut folgen.

Das berüchtigte Kleingedruckte …

Für Menschen jedes Alters ist es unverständlich, warum Gebrauchsanweisungen für Geräte und Inhaltsangaben auf Lebensmitteln immer kleiner und undeutlicher gedruckt werden. Es besteht die Gefahr, dass man deswegen etwas falsch liest oder sich gar nicht die Mühe macht, Anweisungen und Warnungen zu lesen. Zusätzliche Gefahren entstehen auf der Straße oder im Haushalt. Das Blickfeld wird schmaler; es wird schwieriger, Distanzen zu schätzen. Türschwellen und Treppen werden nicht rechtzeitig wahrgenommen.

Das Sehsystem verändert sich im Verlauf des Lebens, doch eine Reihe von Prozessen, die etwa um das vierzigste Lebensjahr einsetzen, können Sehprobleme verursachen. Die Zeitung muss man plötzlich mit ausgestreckten Armen lesen. Für die Straßenkarte oder den Bahnfahrplan nimmt man eine Lupe zur Hand. Die neue „Weitsichtigkeit“ kommt zu Stande, weil die Linsen ihre Form verändern.

Die Linse verfärbt sich mit zunehmendem Alter gelblich und es wird schwieriger, zwischen den Farben grün, blau und violett zu unterscheiden. Die Bilder, die der berühmte französische Maler Claude Monet im Alter gemalt hat, zeigen dieses Phänomen. Nach der Staroperation des einen Auges malte er das gleiche Sujet zwei Mal, einmal mit dem operierten Auge und einmal mit dem nicht operierten Auge. Mit dem nicht operierten Auge sah er eine Baumlandschaft in rötlichen Farben. Mit dem operierten Auge sah und malte er die gleiche Landschaft in grünen und blauen Farben.

Das Lichtbedürfnis nimmt im Alter zu. Die Sehschärfe nimmt insbesondere bei Dämmerung und nachts ab. Vielleicht haben Sie festgestellt, dass die 60-Watt Glühbirne nicht mehr genügend hell ist, um bequemes Zeitunglesen zu ermöglichen, oder dass Ihre Wohnräume Ihnen trüb und düster vorkommen. Um die Lesefreude und die Sicherheit daheim zu erhöhen, braucht man manchmal lediglich eine stärkere Glühbirne.

Die Reaktion der Pupille auf plötzliche Änderungen der Lichtverhältnisse ist im Alter verlangsamt. Die Augen benötigen bedeutend mehr Zeit, sich an die Dunkelheit zu gewöhnen. Treppen und Türschwellen sind weniger sichtbar, vor allem, wenn man gerade aus dem hellen Tageslicht oder aus einem hell beleuchteten Raum kommt. Das Gegenteil ist zu beobachten, wenn man aus einem dunklen Zimmer hinaustritt oder einen Tunnel verlässt: Man fühlt sich schneller geblendet. Wichtig ist es, sich genügend Zeit zu lassen, damit sich die Augen an die neuen Lichtverhältnisse anpassen können.

Ein regelmäßiger Besuch beim Augenarzt ist wichtig, um das Auge auf Linsentrübungen (Grauer Star) zu untersuchen und den Augendruck zu kontrollieren (ist er erhöht, spricht man vom Grünen Star). Eine Zunahme des Augendrucks findet unbemerkt statt. Werden über längere Zeit keine Gegenmaßnahmen getroffen, kann das Sehvermögen stark herabgesetzt werden.

„Hellhörig" bleiben

Weil wir enorme Mengen wichtiger Information über das Ohr aufnehmen, darf die Abnahme des Hörvermögens nicht unterschätzt werden. Allgemeine Alterungsprozesse können dafür verantwortlich sein. Diese können jedoch durch Umwelteinflüsse und Krankheiten verstärkt werden. Es kann zu Schwierigkeiten im täglichen Familienleben kommen, weil schwerhörige Personen Gesprochenes gar nicht vernehmen oder falsch verstehen. Sie fragen sich: „Tuscheln die anderen über mich?" Viele wichtige Informationen huschen am Ohr vorbei: neben die Ohren, schon verloren. Ernsthafte Hörprobleme können zur Isolation führen und sogar einen geistigen Abbau vortäuschen, weil die betroffene Person wichtige Informationen nicht mitbekommen hat oder nicht erwartungsgemäß auf soziale Signale reagiert. Oft vergessen wir, wie sehr wir uns im Alltag auf unser Ohr verlassen, zum Beispiel wenn es darum geht, die Distanz von herannahenden Fahrzeugen zu schätzen.

Das Hörvermögen beginnt nach dem vierzigsten Lebensjahr abzunehmen. Etwa 10 Prozent der Bevölkerung der industrialisierten Länder leidet an einer Schwerhörigkeit, bei der ein Hörgerät zu empfehlen wäre. Besteht bei rund 0,1 Prozent aller Neugeborenen eine wesentliche, beidseitige Schwerhörigkeit, sind es bei den über 60-Jährigen etwa 30 Prozent.

Die Abnahme der Hörfunktionen weist geschlechtsspezifische Unterschiede auf. Mit etwa 50 Jahren hören Frauen hohe Frequenzen, also höhere Stimmen, besser als Männer. Dafür hören die Männer besser die tieferen Frequenzen. Dies könnte – neben gelegentlicher Unaufmerksamkeit – einer der Gründe dafür sein, dass eine Frau beklagt, ihr Mann höre ihr gar nicht richtig zu, oder dass ein Mann meint, seine Frau versteht die Ironie in seiner Aussage nicht. Es wird schwieriger für ältere Menschen, einen schnell gesprochenen Text zu verstehen, weil dies gleichzeitig große Anforderungen an das Hörvermögen, die Verarbeitungsgeschwindigkeit und das Gedächtnis stellt. Die Fähigkeit, Töne scharf voneinander zu trennen, nimmt im Alter ab; somit dauert es länger, bis die schwerhörige Person diese unterscheidet. Im Gegensatz zum

Lesen müssen beim Hören die Worte bis zur nächsten Pause in einem Kurzzeitspeicher behalten werden. Leider arbeitet die Medienwelt nach dem Motto „Zeit ist Geld". Radio- und Fernsehsprecher sprechen oft in einem Tempo, das nicht nur ältere Menschen völlig überfordert. Besonders schwierig wird es, wenn man bei einer Telefonansage verschiedene Optionen im Kopf behalten muss, um dann die entsprechende Taste zu drücken.

Der überwiegenden Zahl der Schwerhörigen kann das Tragen eines Hörgeräts helfen. Kleine, im äußeren Gehörgang oder hinter dem Ohr getragene Geräte enthalten ein oder mehrere winzige Mikrophone, einen elektronischen Signalverarbeiter und einen Hörgerätelautsprecher, über den das verstärkte und verarbeitete akustische Signal in den äußeren Gehörgang des Benutzers abgestrahlt wird. Neue digitale Hörgeräte sind eine wesentliche Verbesserung gegenüber den analogen Hörmitteln, weil sie komplexere Signalverarbeitungsverfahren ermöglichen, zum Beispiel die Unterdrückung von störenden Nebengeräuschen. Für verschiedene Situationen gibt es spezielle Einstellungen, also zum Beispiel für das Telefonieren oder wenn es darum geht, ein Gespräch zu führen, während – wie auf einer Party – mehrere Menschen im Hintergrund reden.

Männer haben manchmal mehr Mühe als Frauen, ihre Schwerhörigkeit zu akzeptieren und ein Hörgerät zu tragen. Die Abneigung gegen wirksame und leicht einsetzbare Hilfsmittel könnte aus der falschen Assoziation von „Hörgerät" mit „alt/verbraucht" stammen. Logisch ist sie nicht; denn wer ist nicht bereit, eine Brille anzuschaffen?

Für Menschen, die einzelne Wörter nur mit größter Mühe vernehmen können, weil die feinen Haarzellen im Innenohr nicht mehr auf Laute und Geräusche reagieren, besteht die Möglichkeit, sie durch ein Cochleaimplantat (CI), eine Innenohrprothese, zu überbrücken. Die Elektroden des CI werden in die Hörschnecke (lat. cochlea) eingeführt, um den mit einem Mikrofon aufgenommenen Schall als elektrische Impulse mit Hilfe eines digitalen Signalprozessors an den Hörnerv weiterzugeben. Eine wichtige Voraussetzung für den Einsatz eines CIs ist, dass der Patient nicht lange unter einem Gehörverlust gelitten hat. In Zukunft wird es wahrscheinlich möglich sein, das Ohr und das Innenohr zu umgehen und Signale direkt an die Areale im Gehirn zu schicken, die Töne wahrnehmen und verarbeiten.

Die Geschmack- und Geruchssinne nicht vergessen

Menschen, die als Folge von schweren Krankheiten oder Verletzungen plötzlich ihren Geschmacks- oder Geruchssinn verlieren, erleben einen gewaltigen Verlust an Lebensqualität und realisieren, wie sehr sie sich auch auf diese Sinne verlassen, um die Umwelt wahrzunehmen. Der Geruchssinn warnt uns vor Gefahren wie der Entstehung von Rauch oder dem Ausströmen von Gas; der Geschmackssinn macht uns auf bittere oder verdorbene Speisen aufmerksam. Geruch und Geschmack regen unseren Appetit an und erwecken Erinnerungen an unsere Kindheit. Lebkuchengewürze erinnern uns an die Adventszeit, der Duft von frisch gewichsten Holzböden an den ersten Schultag nach den Ferien. Der Geruchsinn trägt viel zu unserem Wohlgefühl bei. Wir empfinden den Duft des Lavendels als entspannend, Zitrone als erfrischend, Pfefferminze als anregend.

Leider nehmen Geruchs- und Geschmacksempfindungen zwischen 65 und 80 Jahren allmählich um 50 Prozent ab. Nach 80 Jahren findet der Verlust noch rapider statt. Wärme stärkt die Geschmacksempfindung. Dies könnte ein Grund dafür sein, dass sich viele ältere Menschen darüber beklagen, dass das Essen nicht heiß genug serviert wird. Weil das Essen nicht mehr so interessant ist und ihnen nicht mehr wie früher schmeckt, essen sie immer weniger. Es besteht die Gefahr von Unterernährung. Der Abnahme des Geschmacksinns kann man entgegenwirken, indem man mit Gewürzen und frischen Kräutern kocht. Der Geschmack ist am stärksten, wenn die Speisen heiß sind und wenn man sie langsam und sorgfältig kaut. Darüber hinaus gilt nun mehr denn je der Spruch „Man isst mit den Augen". Achten Sie beim Früchte- und Gemüseeinkauf auf kontrastreiche Farben und arrangieren Sie die Speisen auf dem Teller zu einem „Kunstwerk".

Die Welt erspüren: der Tastsinn

Wie Sehen, Hören und Geschmacksempfinden nimmt auch die Präzision des Tastsinns mit dem Alter ab. Dies kann zu Unsicherheiten beim Gehen oder beim Erhalten des Gleichgewichts führen, weil die Tastrezeptoren an den Fußsohlen weniger empfindlich sind. Die Feinmotorik leidet ebenfalls darunter. Es wird schwieriger, mit schöner Schrift zu schreiben oder kleine Objekte zu manipulieren. Menschen über 60 haben mehr Mühe, die Blindenschrift zu lernen. Die Nervenbahnen, die die Fingerkuppen mit dem Gehirn verbinden, sind von einer Isolierschicht (Myelin) umgeben, was die schnelle und präzise Übermittlung von Impulsen ermöglicht. Leider wird Myelin in vielen Teilen des Nervensystems im Alter abgebaut. Das Tastsystem jedoch, das auf großflächige Berührungen reagiert, funktioniert über Nervenbahnen, die nicht myelinisiert sind. Dieses System bleibt weitgehend intakt. Massage und sanftes Streicheln können weiterhin als wohltuend und beruhigend empfunden werden.

In die Zukunft investieren

Eine positive Gestaltung des Alters ist eine Investition in die Zukunft. Die Förderung der Mobilität ermöglicht die Erhaltung der Bewegungsfreiheit und verlängert die Zeit, die man selbstständig in den eigenen vier Wänden verbringt. Entgegen der oft geäußerten Meinung erfolgen Einweisungen ins Pflegeheim häufiger aufgrund mangelnder körperlicher Mobilität als aufgrund der Abnahme von geistigen Funktionen.

Die Erhaltung oder Verbesserung der abnehmenden Sinnesleistungen unterstützt die geistigen Funktionen und erhöht die Lebensqualität. Neue Lernerlebnisse bleiben möglich. Größere Beeinträchtigungen eines Systems können bedeuten, dass ein anderes System die fehlende Information ersetzen muss. Wenn zum Beispiel das Sehvermögen stark herabgesetzt wird, müssen Hör- und Tastsinn in der Lage sein, viele Aufgaben der Augen zu übernehmen.

Setzen Sie, wenn nötig, Hilfsmittel ein, damit Sie mobil bleiben und Informationsquellen so zugänglich wie möglich halten. Informieren Sie sich über Neuentwicklungen in der Technologie, zum Beispiel Treppenaufzüge, kleine Elektromobile, Gehhilfen mit Einkaufskorb. Eine Auswahl praktischer Geräte ist auch in Spezialgeschäften für Behinderte erhältlich. Speziell für Sehbehinderte wurde ein Apparat entwickelt, der einen Text beliebig vergrößert. Es gibt sogar ein Gerät, das die Farbe eines Kleidungsstücks „spricht".

Ein guter allgemeiner Gesundheitszustand bedeutet eine Verminderung des Risikos für Herz- und Kreislauferkrankungen und eine größere Widerstandskraft gegen Infektionskrankheiten. Eine Erhöhung der körperlichen Fitness setzt Energien für Tätigkeiten frei, die man mit Freude ausübt. Wir werden im Kapitel 4 sehen, dass eine Verbesserung der Herz-Kreislaufaktivität und Lungenkapazität auch einen direkten Einfluss auf die Hirnleistungen hat.

Kapitel 4

Das geistige Potential ausschöpfen

Als eine bekannte Sängerin nach ihren Gefühlen zum 40. Geburtstag gefragt wurde, antwortete sie: „Mich stören die Runzeln nicht, solange mein Gehirn jung bleibt." Wäre sie glücklicher mit dem Gehirn einer Zwölfjährigen? Wahrscheinlich nicht. Sie gebraucht das Wort „jung" als Synonym für „dynamisch", „begeisterungsfähig", „lernbegierig". Allerdings hat die Jugend kein alleiniges Anrecht auf diese Eigenschaften, ebenso wenig wie das Wort „Sturheit" sich nur auf ältere Menschen bezieht. Vorurteile über das Alter sind verbreitet: Alte Menschen sind vergesslich, können nichts mehr lernen, sind unbeweglich – und zwar im Denken wie in ihren Körperbewegungen. Derartige Vorurteile über das Alter sind hinderlich, wenn es darum geht, Chancen zu ergreifen, die das Alter bietet. Fundiertes Wissen über Alterungsprozesse kann Vorurteile aus dem Weg räumen. Darüber hinaus kann es helfen, Strategien zu entwickeln, um auftretende Hindernisse zu kompensieren oder zu überwinden, aber auch individuelle Stärken zu fördern. Dies ist eine Herausforderung – aber gerade das steigert die Hirnleistungen und bereichert das Alter mit neuen Inhalten.

Was sich im Alter verändert – und was nicht

Im Gegensatz zu den körperlichen Veränderungen im Alter lässt sich die Veränderung der geistigen Leistungen nicht unter dem Begriff einer Abnahme beschreiben, die zu kompensieren wäre. Viele Fähigkeiten bleiben erhalten, andere nehmen sogar zu. Doch der Satz „Wer rastet, rostet" – oder, noch pointierter, auf Englisch: „Use it or lose it"[3] – gilt hier unvermindert. Für geistige Leistun-

[3] Übersetzt etwa: „Nutze deine Fähigkeiten oder du verlierst sie."

gen ist, ebenso wie für manuelle Geschicklichkeit, Musizieren oder das Betreiben einer Sportart, Übung essentiell. Nicht genutzt zu werden ist das Schlimmste, was dem Gehirn passieren kann. Ältere Menschen sollten daher so lange wie möglich ihre Autonomie behalten und Entscheidungen in ihrem Alltag selbst treffen, da sich sonst unter Umständen eine „gelernte Hilflosigkeit" entwickelt: Die Betroffenen unterlassen allmählich Aufgaben, die sie selbst gut ausführen könnten, weil sie sich daran gewöhnt haben, dass andere, aus gut gemeinter Hilfsbereitschaft, für sie einspringen. Wenn ältere Menschen tatsächlich überfordert sind, ist Hilfe unerlässlich. Hier müssen aber individuell passende Maßnahmen ergriffen werden.

Das Gedächtnis steht im Zentrum

Umfragen ergeben, dass bei älteren Menschen Gedächtnisprobleme im Vordergrund stehen. Dass die Betroffenen die Wichtigkeit des Gedächtnisses hervorheben, ist kein Zufall, denn nichts ist uns so zentral wie das Gedächtnis. Wenn unsere Erinnerungen verloren gehen, verlieren wir nicht nur unsere Fähigkeit, uns in Zeit und Raum zu orientieren, sondern auch unsere Persönlichkeit, unser Ich. Der deutsche Physiologe Edwald Hering (1834–1918) hat das Gedächtnis als physikalische Kraft dargestellt, die das Bewusstsein ermöglicht.

> „Das Gedächtnis verbindet die zahllosen Einzelphänomene zu einem Ganzen und wie unser Leib in unzählige Atome zerstieben müsste, wenn nicht die Anziehungskraft der Materie ihn zusammenhielte – so zerfiele ohne die bindende Kraft des Gedächtnisses unser Bewusstsein in so viele Splitter, als es Augenblicke zählt."
>
> *Edwald Hering, 1870*

Menschen, die das relativ seltene Phänomen der transienten globalen Amnesie (vorübergehende Unfähigkeit, Erinnerungen zu speichern und hervorzuholen) erlebt haben, können diese Beschreibung gut nachfühlen. Meist aber beklagen sich Menschen über 50 über Alltagssituationen, in denen ihr Gedächtnis sie für einen Moment im Stich gelassen hat. Sie können die Autoschlüssel nicht finden, wissen nicht mehr, ob sie ihre Blutdrucktablette am Morgen eingenommen haben, können sich nicht an den Namen eines Gastes auf dem Gartenfest des vorangegangenen Abends erinnern.

Übliche oder krankhafte Vergesslichkeit		
	Übliche Vergesslichkeit	Krankhafte Vergesslichkeit
Vergisst	Unwichtiges	Wichtiges
Kompensiert das „Problem"	Ja	Nein
Ist desorientiert	Nein	Ja
Verwechselt Realität und Einbildung	Nein	Ja
Beeinträchtigung des Alltags	Gering	Stark
Erinnerungsvermögen	Mehr als 70 Prozent	Weniger als 70 Prozent

Es ist sehr wichtig, zwischen üblicher und krankhafter Vergesslichkeit zu unterscheiden. Bei der normalen Vergesslichkeit ist sich die Person ihres Problems bewusst und unternimmt Strategien, um die Defizite zu kompensieren. Sie ist zeitlich und örtlich orientiert und verwechselt nicht Einbildung und Wirklichkeit. Sie hat ein Erinnerungsvermögen von etwa 70 Prozent und ist in der Lage, den Alltag selbstständig zu bewältigen. Sind diese Bedingungen nicht erfüllt, sollte sich der oder die Betroffene so rasch wie möglich an eine kompetente Fachperson wenden, um die Situation medizinisch und psychologisch abzuklären und die notwendigen Schritte zur Behandlung einzuleiten. Die Symptome können auf verschiedene Störungen zurückzuführen sein, zum Beispiel

Schwerhörigkeit, Depression, einen Tumor, bestimmte Medikamente, Stoffwechselstörungen, Infektionen, Nieren-Leber-Schilddrüsenerkrankungen, Vitamin-B^{12}-Mangel, chronischen Schlafmangel.

Niemand, der schon einmal vor einer Schulklasse gestanden hat, wird je behaupten, dass Gedächtnisprobleme nur im Alter auftreten. Eine Zeichnung in einer Zeitschrift zeigt einen Lehrer vor einer Klasse Jugendlicher. „Blättern Sie auf Seite 94. Sie werden einen Bleistift, Papier und ein Lineal brauchen," sagt der Lehrer. Worauf eine Schülerin sofort fragt: „Brauchen wir einen Bleistift?" Klar, würden wir alle sagen: Sie hat nicht aufgepasst. Doch wären die Klassenmitglieder 50-Jährige, würden viele von ihnen zuerst an ihre eigenen Gedächtniskapazitäten denken. Sie würden sich einreden, dass solche Situationen die ersten Vorboten eines geistigen Abbaus sind. Das ist negative Autosuggestion und sie kann in jedem Alter gefährlich werden, wie eine Untersuchung mit Studierenden gezeigt hat. Gruppen von je drei Studenten mussten zusammen eine Aufgabe lösen. Zwei Studenten in jeder Gruppe wurden angewiesen, dem Dritten ständig einzureden, dass er schon wieder etwas vergessen hätte, was gerade diskutiert worden war, oder dass er sich dauernd wiederholen würde. Nach zwei Wochen glaubten die so manipulierten Studierenden, sie hätten Kurzzeitgedächtnisstörungen. Ihre Leistungen in den Gedächtnistests nahmen auch tatsächlich ab.

Aufmerksamkeit: Das Tor zum Gedächtnis

Wenn Sie sich eine Information einprägen wollen, die Ihnen später zur Verfügung stehen sollte, müssen Sie diese Information bewusst aufnehmen. Wenn Sie ihren Pullover beiläufig auf den Stuhl legen und schnell ans Telefon springen, werden Sie später sehr wahrscheinlich Mühe haben, sich zu erinnern, wo Sie Ihren Pullover abgelegt haben. Ein anderes Beispiel: Während Sie einen interessanten Zeitungsartikel lesen, bittet Sie jemand, einen Koffer ins Auto zu stellen. Sie nehmen die Botschaft gar nicht wahr. Gewöhnen Sie sich an, nichts Wichtiges „nebenbei" zu erledigen.

Sagen Sie sich bewusst, dass Sie jetzt die Schlüssel in die rechte Schublade im Garderobenschrank legen.

Mangelnde Aufmerksamkeit ist der häufigste Grund, warum man Namen von Personen vergisst. Am Vortag wurde Ihnen auf einem Nachbarschaftstreffen eine nette Frau vorgestellt. Heute sehen Sie sie wieder und beginnen mit einem fröhlichen „Guten Tag, Frau ..." Der Name fällt Ihnen nicht mehr ein. Sie lächeln verlegen. Der betreffenden Frau geht es womöglich ebenso wie Ihnen.

Wenn Ihnen eine Person vorgestellt wird, gewöhnen Sie sich daran, ihren Namen sobald wie möglich im Gespräch zu wiederholen. Merken Sie sich die Einzelheiten, die diese Person von anderen unterscheidet, zum Beispiel: Sie hat grüne Augen, spielt Bassgeige, hat ein Ferienhaus in Spanien. Sobald Sie die Gelegenheit dazu haben, schreiben Sie auf, was Sie über die Person wissen.

Das Arbeitsgedächtnis verarbeitet Informationen langsamer

Jeder kennt das Problem: Sie schlagen eine Telefonnummer nach und wollen daraufhin die Nummer eintippen. Nach der Vorwahl sind Sie nicht mehr sicher. Ihr Arbeitsgedächtnis hat Sie im Stich gelassen. Das Arbeitsgedächtnis brauchen Sie, um Information „im Kopf" (on-line) zu behalten, damit Sie diese anwenden können.

Ob bewusst oder unbewusst – das Arbeitsgedächtnis wird ständig beansprucht. Ihm verdanken Sie, dass Sie einen Satz zu Ende sprechen, eine Melodie auf dem Klavier spielen, ein Schach- oder Kartenspiel spielen können. Das Arbeitsgedächtnis greift auch auf Erinnerungen aus dem Langzeit-Gedächtnisspeicher zurück. Wenn Ihnen eine Person entgegenkommt, die Ihnen bekannt vorkommt, sucht Ihr Arbeitsgedächtnis nach dem passenden Namen.

Sie können einen kleinen Test machen, um herauszufinden, wie viele Einheiten das Arbeitsgedächtnis speichern kann. Schreiben Sie auf ein Stück Papier eine dreistellige Zahl, darunter eine vierstellige und so weiter bis zu einer zehnstelligen Zahl. Jetzt schauen Sie die oberste Zahl an, decken Sie die Zahl zu und versuchen Sie, die Zahl zu nennen. Wiederholen Sie den Versuch mit den folgenden Zahlen. Sie werden wahrscheinlich feststellen, dass Sie zwischen fünf und neun Einheiten gut behalten können. Die Menge an Information, die das Arbeitsgedächtnis für solche Aufgaben speichern kann, verändert sich im Alter nicht wesentlich.

Doch mit zunehmendem Alter arbeitet das Arbeitsgedächtnis langsamer. Neu eintreffende Information wird nicht mehr so schnell in Empfang genommen. Dies ist angesichts der Tatsache, dass wir in einer Gesellschaft leben, in der immer mehr Information in immer kürzerer Zeit auf uns eindringt, ein großer Nachteil. Häufig wird man mit automatischen Telefonansagen konfrontiert, die eine sofortige Analyse der Information und entsprechende Reaktion verlangen: „Für Auskunft auf Deutsch drücken Sie die Taste 1", „Für Information über Ihr Kontoguthaben tippen Sie Ihre Kontonummer ein und bestätigen Sie mit der Raute-Taste." Ältere Menschen sind bei den heutigen Eignungstests für Manager benachteiligt, weil die Aufgaben unter hohem Zeitdruck gelöst werden müssen. Schnelle Bildfolgen und schnelles Sprechen im Fernsehen sind ebenfalls schwer zu verarbeiten.

Eine gute Methode, um das Arbeitsgedächtnis zu trainieren, ist, Tätigkeiten im Alltag auszuführen, die in besonderem Ausmaß auf das Arbeitsgedächtnis angewiesen sind. Üben Sie sich zum Beispiel in der Kunst der Konversation. Wenn Sie mit einer anderen Person reden, müssen Sie gut zuhören und gleichzeitig im Kopf behalten, was Sie sagen werden, sobald Ihr Partner zum Schluss kommt. Während des Gesprächs sucht das Gehirn nach den passenden Worten. Es ist für das Arbeitsgedächtnis aller Gesprächsteilnehmer am einfachsten, wenn jede Person sich auf höchstens drei Sätze hintereinander beschränkt.

Ein Beispiel für eine anspruchsvolle alltägliche Situation, in der das Arbeitsgedächtnis, zusammen mit anderen kognitiven Fähigkeiten, in hohem Maße zum Einsatz kommt, ist das Vorbereiten einer Mahlzeit. Sämtliche Speisen sollen in der richtigen Reihenfolge mit der richtigen Temperatur auf dem Tisch erscheinen. Dies bedeutet, dass zum Beispiel die Kartoffeln zuerst zum Kochen gebracht werden, bevor der Salat geputzt wird. Den gesamten Zeit- und Arbeitsplan sowie die Abfolge der Speisen muss man im Kopf behalten: Heiße Suppe als erster Gang, Rinderschmorbraten mit Gemüse zum Hauptgang, Halbgefrorenes zum Dessert. Falls Komplikationen aufkommen, gerät der ursprüngliche Plan durcheinander und muss kurzfristig den veränderten Umständen angepasst werden. Die Gäste kommen zu spät, eine Herdplatte funktioniert nicht, ein Glas Rotwein wird auf das weiße Tischtuch verschüttet. Das Arbeitsgedächtnis wird zusätzlich gefordert.

Es ist Ihnen vielleicht schon aufgefallen, dass Ihr Arbeitsgedächtnis mehr Mühe hat, wenn Sie von zu vielen Reizen abgelenkt werden. Es wird zunehmend schwieriger, Ablenkungen abzuwehren. Leute, die früher beim Lesen gern Radio hörten, stellen das Radio jetzt ab. Manche Gastgeberin zieht es vor, das Geschirr allein in die Küche zu bringen, statt mit hilfsbereiten Gästen plaudern zu müssen.

Ältere Menschen haben mehr Mühe als jüngere, einem Gespräch zu folgen, wenn es viele Geräusche im Hintergrund gibt. Es ist wiederum schwerer für sie, alles von einem Gespräch mitzubekommen, wenn sie durch eine einzelne Stimme im Hintergrund gestört werden, als wenn sie das allgemeine Rauschen vieler Stimmen in einem Raum wahrnehmen. Ein interessantes Experiment zeigte, dass die älteren Teilnehmer noch mehr Mühe hatten, sich auf ein Gespräch zu konzentrieren, wenn der Einzelsprecher im Hintergrund eine Sprache benutzte, die sie verstehen konnten. War es eine Fremdsprache, wurden sie nicht so leicht abgelenkt. Sie haben die fremden Signale einfach ignoriert.

Sie entlasten Ihr Arbeitsgedächtnis, wenn Sie Geräusche, die Sie ablenken oder stören könnten, so weit wie möglich vermeiden. Schalten Sie das Fernsehgerät aus, wenn Sie Wichtiges zu diskutieren haben. Wenn Sie zusammen mit Freunden auswärts essen, suchen Sie ein Restaurant mit genügend Raum zwischen den Tischen und ohne Hintergrundmusik aus.

Alles gleichzeitig und sofort?

Um „zwei Fliegen mit einer Klappe zu schlagen", muss das Arbeitsgedächtnis die doppelte Leistung erbringen. Es wird mit dem Alter schwieriger, eine Aufgabe im Kopf zu behalten, während man etwas anderes erledigt. Aus Angst, etwas zu vergessen, entwickeln viele Menschen die Gewohnheit, jede Aufgabe sofort zu erledigen, doch diese Strategie hat ihre Tücken:

> „Ich ging in die Küche und stellte die Herdplatte unter den Kartoffeln an. Dann fiel mir aber ein, dass die Geranien Wasser brauchten. Also eilte ich sofort auf den Balkon. Doch unterwegs sah ich den Pullover, den ich gestern vergeblich gesucht hatte. Ich räumte den Pullover in die Kommode. Als das Telefon klingelte und ich die Stimme meiner besten Freundin hörte, waren die Kartoffeln längst vergessen. Die Folgen waren ein verspätetes Mittagessen und mühsame Putzarbeit."

Gewöhnen Sie sich an, eine begonnene Tätigkeit zu Ende zu führen, bevor Sie mit einer neuen beginnen. Erledigen Sie zum Beispiel Ihre Finanzangelegenheiten zu einer Tageszeit, zu der Sie keine Telefonanrufe oder sonstige Unterbrechungen erwarten. Addieren Sie, subtrahieren Sie, schreiben Sie die Resultate auf und füllen Sie die Formulare vollständig aus. Erst jetzt stehen Sie auf und machen etwas anderes.

Wenn Ihnen plötzlich etwas einfällt, während Sie beim Ausführen einer Tätigkeit sind, unterbrechen Sie nur kurz ihre Aktivität. Schreiben Sie das Wichtige auf Notizpapier auf – das Sie immer am gleichen Ort bereithaben. Ein kleines Diktaphon, das man in die Hosen- oder Jackentasche stecken kann, ist eine weitere Möglichkeit. Lassen Sie Ihre Gäste beim Apéro im Wohnzimmer, wenn es Sie stört, gleichzeitig zu kochen und an einer Konversation teilzunehmen. Ein kleiner Wecker oder Küchentimer, den Sie in die Tasche stecken können, ist eine große Hilfe, wenn Sie sicher sein wollen, dass Sie eine einmal begonnene Handlung nicht vergessen, zum Beispiel, wenn Sie einen Kuchen in den Ofen geschoben haben und dann in den Keller gehen, um dort aufzuräumen.

Erinnerungen bilden und wieder abrufen

Früher wurde das Gedächtnis gelegentlich mit einer großen Kommode verglichen, in der Erinnerungen ordentlich verpackt in einzelnen Schubladen verteilt liegen. Heute wissen wir, dass die Arbeit des Gehirns unvorstellbar viel komplizierter ist. Mittels einer riesigen Zahl von direkten und verzweigten Verbindungen laufen ständig bewusste und unbewusste Prozesse ab. Bestandteile von Erinnerungen werden immer wieder aktiviert oder neu arrangiert. Das Ganze ist ein sehr dynamischer Prozess, der durch elektrische Aktivität aufrechterhalten wird (siehe Anhang: „Wie eine Erinnerung gespeichert wird", Seite 176).

Über den Thalamus gelangen Sinneseindrücke in die entsprechenden Verarbeitungszentren in der Hirnrinde. Das Arbeitsgedächtnis hält die verarbeiteten Eindrücke für kurze Zeit bereit, bis sie an den Hippocampus geschickt werden. Hier können sie einige Stunden bis Wochen gespeichert bleiben. Während dieser Zeit werden sie zerlegt und ihre Komponenten an verschiedene Orte in der Hirnrinde gelagert, wo sie bleiben, bis sie wieder abgerufen werden.

Das Gehirn kann ungeahnte Mengen von Erinnerungen im Gedächtnis speichern. Sie müssen also keine Angst haben, dass ihr Gedächtnis jemals „voll" sein könnte, so dass nichts mehr hineinpasst. Neue Information lässt sich sogar leichter speichern, wenn sie an bestehende Erinnerungen geknüpft werden kann. Je mehr Sie über ein Thema schon wissen, desto leichter wird es, einen neu erschienenen Artikel darüber zu verstehen und sich an wesentliche Punkte zu erinnern.

Das Speichern von Erinnerungen kann durch mangelnde Aufmerksamkeit oder ein langsam funktionierendes Arbeitsgedächtnis gestört sein. Aber oft sind die Gedächtnisprobleme nicht auf Schwierigkeiten im Speicherprozess zurückzuführen, sondern auf den Vorgang des Abrufens. Das Abrufen von Information ist vor allem in Situationen betroffen, die schnelles Reagieren verlangen. Sie stehen beim Metzger vor der Ladentheke und wissen nicht mehr, dass Sie „Lamm" sagen wollten. Sie haben Ihre Einkaufsliste im Gedächtnis, aber Sie finden das richtige Wort nicht mehr.

Experimente haben gezeigt, dass nicht alle Fähigkeiten, Information abzurufen, im Alter gleich betroffen sind. Testpersonen wurden gebeten, sich eine Liste mit einfachen Wörtern aus dem Alltag einzuprägen. Ein paar Stunden später oder am nächsten Tag konnten sie ihr Gedächtnis in zwei verschiedenen Situationen testen. Im ersten Teil bekamen sie ein leeres Blatt Papier, auf das sie die Wörter schreiben sollten, die sie zuvor gesehen hatten. Sie bekamen keine Hinweise; die Wörter mussten frei aus dem Gedächtnis abgerufen werden. Mit diesem Teil des Tests hatten ältere Personen mehr Mühe als jüngere. Die Fähigkeit, Wörter auf diese Art hervorzuholen, beginnt schon ab dem 20. Lebensjahr langsam abzunehmen.

Im zweiten Teil des Experiments bekamen die Testpersonen eine Liste, die sowohl neue Wörter wie auch die zuvor gesehenen Wörter enthielt. Die Aufgabe bestand nun darin, diejenigen Wörter einzukreisen, die bereits auf der ersten Liste standen. Hier ging es nicht um das Hervorholen der Wörter allein, sondern um das Wiedererkennen. Die Resultate bei diesem Teil des Tests waren für ältere wie jüngere Menschen gleich. Wenn die älteren Teilnehmer die richtigen Hinweise zur Verfügung hatten, war ihre Gedächtnisleistung fast so gut wie die der jüngeren Menschen.

Kommen Ihnen Fragen wie die folgenden bekannt vor? „In welchem Jahr verbrachten wir unsere Ferien in Mexiko City?", „Gingen wir letzten Mittwoch Pizza essen oder war es Donnerstag?", „Hatte der Schwiegersohn im August sein 50. Geburtstagsfest oder im Juli?" Solche Fragen sind sehr ärgerlich und können gelegentlich zu hitzigen Auseinandersetzungen führen. Erinnerungen an Ereignisse, vor allem an die zeitlichen und örtlichen Umstände, sind fragil. Nehmen Sie diese Zerbrechlichkeit der Erinnerungen zur Kenntnis und halten Sie sich mit Ihrer Meinung zurück, bis Sie im Fotoalbum nachgeschaut haben.

Im Gegensatz zu den Erinnerungen an persönliche Erlebnisse bleiben Fakten oder Texte, die man einmal gelernt hat, recht stabil bis ins hohe Alter bestehen. Die Enkel können oft nur staunen über die historischen Tatsachen, die Großvater weiß, oder darüber, dass er immer noch Gedichte, die er in der Schule gelernt hat, auswendig vortragen kann.

Gefühle und Sprache „binden" Erinnerungen

Der erste Kuss hat eine bessere Chance, lebendig im Gedächtnis zu bleiben als der erste Besuch beim Versicherungsberater. Im Allgemeinen erinnert man sich besser an eine Information, die eine hohe emotionale Bedeutung hat, weil die gefühlsmäßige Bedeutung als „Klebstoff" funktioniert. Bildgebende Verfahren haben gezeigt, dass das Anschauen von emotional geladenen Bildern die Amygdala stärker aktiviert als das Anschauen von neutralen Bildern. Die Amygdala, ein kleines, mandelförmiges Hirnorgan, ist ein wesentlicher Teil des limbischen (emotionalen) Systems und hat enge Verbindungen zum Hippocampus.

Interessant ist es, dass in Bezug auf die Verarbeitung von positiven und negativen Eindrücken Unterschiede zwischen jungen und alten Menschen bestehen. Ob jüngere Personen positive oder negative Bilder anschauen – ihre Amygdala zeigt die gleiche Aktivität. Wenn ältere Menschen die gleichen Bilder anschauen, wird die Amygdala stärker bei positiven Bildern angeregt als bei negativen. Dies kann dazu führen, dass ältere Menschen positive Bilder oder Ereignisse besser in Erinnerung behalten als negative.

Unterschiede bestehen zwischen Männern und Frauen in der Verarbeitung von traurigen Eindrücken. Moderne bildgebende Techniken wie PET (Positron Emission Tomographie) und MRI (Magnetresonanz-Bildgebung) können inzwischen zeigen, dass bei Männern und Frauen Hirnregionen unterschiedlich aktiviert werden. Wenn Frauen zum Beispiel traurige Bilder anschauen, wird ihr limbisches, oder emotionales, System im Gehirn etwa achtmal stärker aktiviert als das von Männern. Dies könnte bedeuten, dass Frauen von traurigen Ereignissen tiefer bewegt werden und dass die traurigen Erinnerungen über eine längere Zeit wirken. Das wäre eine mögliche Erklärung für die erhöhte Anfälligkeit von Frauen für depressive Verstimmungen und Depressionen.

Wenn Frauen sich an emotional bewegende Szenen erinnern, wird hauptsächlich ihre linke Amygdala aktiviert; bei Männern zeigt sich mehr Aktivität in der rechten Amygdala. Diese Tatsache könnte etwas damit zu tun haben, dass viele Frauen nicht nur das Datum des eigenen Hochzeitstages, sondern auch die Namen und Geburtstage der Enkelkinder wissen, während viele Männer keine Ahnung davon haben. Das Sprachzentrum befindet sich meist in der linken Hirnhälfte. Die Tatsache, dass Frauen mehr Aktivität auf der linken Seite zeigen, könnte ein Zeichen dafür sein, dass ihr Erinnerungsvermögen stärker von den Verbindungen zum Sprachzentrum beeinflusst wird. Erinnerungen an Tatsachen und Ereignisse werden stärker im Gehirn verankert, wenn sie von Anfang an bewusst in Sprache umgewandelt wurden.

Erinnerungen können zerbrechlich sein

Obwohl viele Erinnerungen aus jungen Jahren uns bis ins hohe Alter begleiten, sind sie nicht in Stein gemeißelt. Unser Gedächtnis wird ständig umgebaut. Im Verlauf der Zeit kommen neue Erinnerungen zu den bestehenden hinzu und werden in den gleichen Hirngebieten gespeichert. Die neuen Eindrücke können die schon bestehenden verzerren und die bestehenden können die neu eintreffenden beeinflussen. So kann es zu „falschen" Erinnerungen kommen, die nicht mit bewussten Lügen zu verwechseln sind.

Es ist wichtig zu wissen, dass auch Erinnerungen mit hoher emotionaler Bedeutung verzerrt werden können – in jedem Lebensalter. In den Vereinigten Staaten wurde dies anhand von Erinnerungen an ein emotional bewegendes Ereignis, zum Beispiel den Mordprozess gegen O. J. Simpson, geprüft. Studenten wurden drei Tage nach der Urteilsverkündung gefragt, wo sie zur Zeit der Urteilsverkündung waren, was sie seinerzeit gemacht haben und mit wem sie zusammen waren. Fünfzehn Monate später wurden ihnen die gleichen Fragen gestellt. 50 Prozent der Erinnerungen waren immer noch zum großen Teil intakt. Doch drei Jahre nach dem Ereignis waren nur 29 Prozent korrekt und mehr als 40 Prozent der Aussagen enthielten wesentliche Irrtümer.

Das Gedächtnis lässt sich verbessern

Es gibt zahlreiche Kurse, die speziell das Erinnerungsvermögen trainieren. Man lernt dort, wie das Gedächtnis funktioniert und übt auf spielerische Art verschiedene Techniken, um sich Informationen einzuprägen. Diese können sehr wirksam sein, zum Beispiel wenn Sie Gegenstände auf einer Liste nach Kategorien sortieren oder wenn Sie einen Namen mit einem Bild verbinden. Mit den Enkelkindern „Memory" zu spielen macht Spaß und ist eine gute Übung für jung und alt. Doch da das Gedächtnis bei so vielen verschiedenen geistigen Leistungen eine Rolle spielt, muss man es auch im Rahmen anderer mentaler Aktivitäten fördern, vor allem solcher, die wichtig für den Alltag sind.

„Jetzt kommt es mir in den Sinn!" – Die „Zündung"

Die Fähigkeit, sich mit Hilfe von „Hinweisen" an Dinge oder Ereignisse zu erinnern, heißt „priming" oder „Zündung". Stellen Sie sich vor, Sie haben einen wichtigen Brief absichtlich in einen Schrank im Esszimmer gelegt, damit Sie ihn nicht verlieren. Einige Tage später haben Sie Ihre Handlung vergessen. Wenn Sie den Brief nicht auf dem Schreibtisch finden, suchen Sie die ganze Wohnung ab. Sie werden zunehmend nervös. Erst als Sie nochmals ins Esszimmer gehen und den Schrank sehen, fällt Ihnen das Versteck wieder ein. Der Anblick des Möbelstückes erinnert Sie an ihre frühere Handlung und führt Sie ans Ziel. Priming findet im Alltag sehr häufig statt. Ein Lied aus der Kindheit, ein Zitat, ein vergilbtes Familienfoto, der Duft vom frischem Brot können alle als Zündung wirken und Erinnerungen an Ereignisse einer längst vergangenen Zeit wachrufen.

Den Mechanismus des Priming können Sie bewusst für sich nutzen. Sie können natürlich Gegenstände an einen Ort stellen, an dem Sie sie nicht übersehen können: Sie legen zum Beispiel das Buch, das Sie morgen in die Bibliothek zurückbringen wollen, auf den Frühstückstisch. Schauen Sie ein Bild von Ihrer Schulklasse an. Sie werden erstaunt sein, wie viele vergessene Erlebnisse, Orte und Menschen wieder lebendig werden. Sie können Priming auch nutzen, um sich an Wörter und Personennamen zu erinnern. Nehmen wir an, Sie suchen den Namen eines blühenden Strauches, den Sie gestern im Park gesehen haben. Stellen Sie sich den Busch bildlich vor – in welcher Umgebung Sie ihn gesehen haben, mit welchen Personen Sie zusammen waren. Lassen Sie Ihre Gedanken ruhig durch den Kopf fließen. Die Chance ist groß, dass Sie auf eine Einzelheit stoßen, die die Verbindung zu Ihrem gesuchten Wort herstellt.

Einmal eingeübte Fertigkeiten bleiben lange erhalten

Nach 26 Jahren krankheitsbedingter totaler Abwesenheit vom Eisfeld und vom Eishockeyspielen stand der 56-jährige ehemalige Star-Torhüter wieder auf dem Eis. Nach wenigen Minuten Spiel zeigte er, dass er seine Technik nicht verlernt hatte. Er spielte fast wie zuvor. Das Schwierigste an seinem Comeback, so sagte er, sei vielleicht das Wiederaufstehen, nachdem er aufs Eis gefallen war.

Der ehemalige Torhüter liefert uns ein Beispiel für eine Gedächtnisform, die anders ist als das Gedächtnis für Tatsachen, Namen und Ereignisse. Sie betrifft Handlungsabläufe, die man lange eingeübt hat und die man nicht mit Worten beschreiben kann. Diese Form des Gedächtnisses wird „prozedurales Gedächtnis“ genannt und ist für das Alter von besonderer Bedeutung, denn es handelt sich um eine automatische Erfahrungsnutzung, die ohne Erinnerungsbemühungen und auch ohne Erinnerungsbewusstsein zur Verfügung steht.

Viele Bewegungen, wie Stricken, Maschineschreiben, Fahrrad oder Auto fahren, müssen zunächst bewusst gelernt werden. Durch Übung werden sie mit der Zeit automatisch, also unbewusst, und stehen dann langfristig zur Verfügung. Eine Person, die über längere Jahre ein Instrument gespielt hat, wird auch nach einer längeren Unterbrechung mit etwas Übung feststellen, dass erstaunlich viel von den einmal gelernten Fertigkeiten noch vorhanden ist.

Es ist schwieriger für ältere Menschen, neue Handfertigkeiten zu lernen. Es braucht mehr Zeit, bis die Bewegungsabläufe im

Gehirn gespeichert werden. Doch gibt es keinen Grund, warum ältere Menschen nicht mit einem Musikinstrument oder mit leichten Sportarten anfangen sollten, wenn es ihnen Freude macht.

Denken und Handeln: die „Exekutivfunktionen"

„Jeder klagt über sein Gedächtnis,
niemand über seine Urteilskraft."

La Rochefoucauld

Viele Menschen klagen über Gedächtnisprobleme, ohne zu bedenken, dass das Gehirn weit mehr als ein Erinnerungsspeicher ist. Zu den großartigen, komplexen Leistungen des Gehirns gehören die so genannten „Exekutivfunktionen", die durchaus analog zur Arbeit des Konzernchefs einer großen Firma vorgestellt werden können. Das Gehirn sichtet eintreffende Informationen und schickt sie an die entsprechenden Abteilungen zur Weiterbearbeitung. Es wägt verschiedene Strategien ab und setzt Handlungsabläufe in Bewegung. Es bewertet die Resultate von Handlungen und reagiert auf Erfolg oder Misserfolg. Speziell das Frontalhirn ist aktiv, wenn es um solche Arbeiten geht. Dieses Areal entwickelt sich intensiv noch bis ins junge Erwachsenenalter hinein.

Im Verlauf der menschlichen Evolution hat sich das Frontalhirn besonders weit entwickelt und eröffnet Menschen die Möglichkeit, ihre Handlungen aufgrund von Überlegungen, Erfahrungen und Gedanken zu steuern, statt nur auf unmittelbare Stimulation zu reagieren. Wir können eine gegenwärtige Situation mit unserer Erfahrung in einer ähnlichen Situation in der Vergangenheit vergleichen. So wird es möglich, alternative Verhaltensstrategien zu entwerfen und abzuwägen. Obwohl die vordere Hirnrinde enorm wichtig ist, darf nicht vergessen werden, dass alle Teile des Gehirns in einem ständigen Austausch miteinander stehen.

Das Arbeitsgedächtnis wird oft zu den Exekutivfunktionen gezählt. Ein weiteres Beispiel für eine Exekutivfunktion ist die Fähigkeit, eine begonnene Tätigkeit zu stoppen. Auf dem Hochzeitsfest hebt der 80-jährige Onkel der Braut sein Glas und beginnt, dem Brautpaar seine guten Wünsche auszusprechen. Nun hört er aber nicht mehr auf zu reden. Zu Beginn lächeln die Verwandten noch wohlwollend. Nach einer Viertelstunde fangen sie an, sich zu räuspern und ihre Tischnachbarn hilflos anzuschauen. Der Onkel kann seine einmal begonnene Tätigkeit nicht mehr stoppen. Er beachtet die sozialen Signale seiner Mitmenschen nicht. Die Unbeweglichkeit, die er an den Tag legt, kommt im höheren Lebensalter etwas häufiger vor. Sie kann zum Teil durch Schwerhörigkeit oder Sehprobleme verursacht sein.

Nicht nur das Aufhören, sondern auch das schnelle Wechseln von einer Tätigkeit zur anderen kann im Alter schwierig werden. Psychologen können diese Art Flexibilität mittels einfacher Tests prüfen. Die Teilnehmer sitzen zum Beispiel vor einem Fernsehmonitor. Auf dem Bildschirm wird ein Kasten präsentiert mit einem Buchstaben und einer Zahl, paarweise angeordnet. Wenn das Paar oben erscheint, müssen die Testpersonen schnell sagen, ob die Zahl gerade oder ungerade ist. Wenn das Paar unten erscheint, müssen sie sagen, ob der Buchstabe ein Vokal oder Konsonant ist. Das heißt, sie müssen jeweils schnell eine neue Regel anwenden. In ähnlichen Tests muss man Karten oder Formen nach bestimmten Regeln sortieren. Ältere Menschen brauchen mehr Zeit als jüngere, um solche Aufgaben auszuführen. Sie können ihre Resultate aber durch Übung verbessern.

Wenn die Leistungen von älteren Menschen mit denjenigen von jüngeren verglichen werden, darf nicht vergessen werden, dass die Angehörigen der beiden Gruppen zu verschiedenen Zeiten geboren wurden und somit unter verschiedenen Bedingungen in Bezug auf Ernährung, Gesundheitsvorsorge, Familienleben, Schule und Gesellschaft aufgewachsen sind. Diese Bedingungen haben einen Einfluss auf ihre Leistungen. Heute haben mehr Menschen Zugang zu einer Hochschulausbildung als früher. Heute wird nicht mehr so viel Wert auf das Auswendiglernen oder das Kopfrechnen gelegt wie früher. Künftige Studien werden den Einfluss der Nutzung von Internet, Mobiltelefon und Computer einbeziehen müssen.

Testbeispiel für Beweglichkeit im Denken

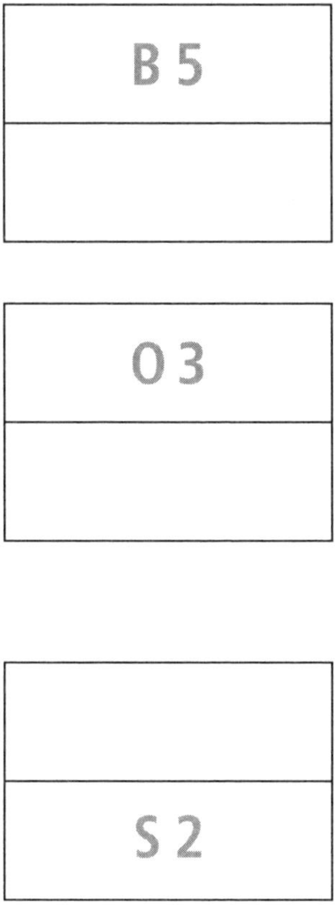

Wenn die Zeichen im oberen Teil des Kastens erscheinen, muss die Testperson sofort sagen, ob ein Konsonant oder ein Vokal enthalten ist.

Wenn die Zeichen im unteren Teil erscheinen, muss sie sagen, ob die Zahl gerade oder ungerade ist.

Leistungstests sind hilfreich, wenn es darum geht, Stärken und Einschränkungen von älteren Menschen besser zu verstehen. Sie unterstützen die Suche nach Strategien zur Erhaltung von geistigen Fähigkeiten. Doch sind sie kein Ersatz für die Einschätzung der Kompetenzen eines Menschen im täglichen Leben.

Programme, die bestimmte Fähigkeiten gezielt trainieren, zeigen, dass ältere Menschen, was die Exekutivfuntionen angeht, durch Übung gute Erfolge erzielen können. Eine Studie von K. Warner Schaie zeigte, dass sowohl das räumliche Orientierungsvermögen wie auch die Fähigkeit, logische Schlussfolgerungen zu ziehen, gezielt trainiert und verbessert werden können. 65-jährige Menschen, die in den vergangenen 14 Jahren eine Abnahme dieser Fähigkeiten zeigten, bekamen fünfmal eine Stunde individuelles Strategie-Training. Sie übten die Fähigkeit, logische Schlussfolgerungen zu ziehen. Mehr als die Hälfte der Menschen, die am Training teilnahmen, zeigten signifikante Verbesserungen. Vierzig Prozent erlangten sogar ihr Leistungsniveau von vor 14 Jahren. Sieben Jahre später wurden die Gruppen erneut untersucht. Die Trainingsgruppe hatte ihren Vorsprung gegenüber der Kontrollgruppe, die kein spezielles Training absolviert hatte, behalten.

Das so genannte „Gehirnjogging“ hat keinen nennenswerten Einfluss auf Hirnleistungen, wenn es nicht in Tätigkeiten eingebaut ist, die man gerne und häufig ausführt. Wenn Sie aber Freude daran haben, Kreuzworträtsel oder mathematische Aufgaben zu lösen, sind solche Aktivitäten sehr zu empfehlen. Menschen, die eine anspruchsvolle Aktivität dauernd ausüben, zum Beispiel Literatur diskutieren, Karten oder Schach spielen, verlieren wenig, wenn überhaupt etwas, von ihren Kenntnissen oder Techniken in dem jeweiligen spezifischen Bereich.

Sprachfähigkeiten bleiben im Alter ausgeprägt – und nehmen zu

Die Tatsache, dass Sprachfähigkeiten im Alter sehr gut erhalten bleiben, gibt einen Hinweis darauf, welche Gedächtnisstrategien im Alter mit Erfolg eingesetzt werden können. Information, die mittels Sprache gespeichert worden ist, bleibt lange im Gedächtnis. Obwohl ältere Menschen oft über Wortfindungsschwierigkeiten klagen, bleibt ihr Sprachverständnis konstant. Es wächst sogar, wenn sie Sprache aktiv benutzen. Ein großer Wortschatz mit einer Vielfalt von Begriffen erweitert ihre Möglichkeiten, ihre Erlebnisse zu verarbeiten und anderen Menschen mitzuteilen.

Studien haben interessante Unterschiede zwischen älteren und jüngeren Menschen in Bezug auf ihren Gebrauch der Sprache festgestellt. Im Vergleich mit jüngeren Menschen gebrauchen ältere Menschen eine größere Anzahl positiver Ausdrücke und eine geringere Anzahl negativer Wörter. Sie beziehen sich weniger auf sich selbst und schreiben Sätze, die komplexere Gedanken beinhalten. Überraschend für die Forscher war die Tatsache, dass die älteren Teilnehmer mehr Verben in der Zukunftsform und weniger in der Vergangenheit brauchten.

Ältere Menschen schneiden besser in Testsituationen ab, die die Verwendung von Sprache erfordern, als wenn lediglich die motorische Reaktionsgeschwindigkeit getestet wird. Benachteiligt sind sie, wenn ein Test *schnelles* Lesen verlangt. Steht ihnen genügend Zeit zur Verfügung, können ältere Leser und Leserinnen dank ihrer breiten Vorkenntnisse und ihrer Fähigkeit, sich auf das Wesentliche zu konzentrieren, ihre verlangsamte Lesegeschwindigkeit oft mehr als kompensieren.

Ein interessantes Experiment hat gezeigt, dass ältere Menschen mitunter über eine besondere Fähigkeit verfügen, sprachliche Informationen auf eine Weise zu vermitteln, die dem Auffassungsvermögen von Kindern entspricht. Ältere und jüngere Menschen lasen Kindern eine Märchengeschichte vor. Hinterher wurde gemessen, an wie viele Einzelheiten die Kinder sich erinnern konnten. Sie konnten sich signifikant mehr merken, wenn ältere Personen ihnen vorgelesen hatten. Man kann in diesem Sinne von einem „Großmuttereffekt“ sprechen.

In Bezug auf die Sprachfähigkeiten bestätigen neueste Forschungsergebnisse, dass Gehirnareale, die sich hauptsächlich in der linken Hemisphäre befinden und die wesentlich für Sprachverständnis und -gebrauch sind, eine längere Reifungszeit haben als alle anderen Areale der Hirnrinde. Sie entwickeln sich ganz besonders zwischen 7 und 60 Jahren und dann langsamer weiter bis mindestens zum Alter von 87 Jahren.

Lernen ist in jedem Alter möglich

„Goethe wird nun in wenigen Jahren achtzig Jahre alt,
aber des Forschens und Erfahrens wird er nicht satt.
In keiner seiner Richtungen ist er fertig und abgetan,
er will immer weiter, immer weiter! Immer lernen, immer lernen!
Und zeigt sich eben dadurch als ein Mensch von einer
ewigen, ganz unverwüstlichen Jugend."

Aus Eckermanns Tagebuch (16. April 1825)[4]

Das Lernen ist nicht allein ein Privileg der Jugend. Wenn man offen und neugierig bleibt, ist Lernen in jedem Alter möglich. Der Spruch vom Hans, der nimmermehr lernt, was Hänschen nicht gelernt hat, trägt zum falschen Bild des Alters bei. Zwar gibt es Phasen im Leben, in denen neues Wissen und neue Fertigkeiten schneller angeeignet werden als im Alter. Mit zunehmendem Alter verlangsamt sich die Aktivität der Nervenzellen. Hinzu kommt, dass älteren Menschen oft die Routine fehlt, sich mit neuem Wissen auseinander zu setzen. Wenn sie aber motiviert sind, ein Ziel vor Augen haben und bereit sind, verschiedene Lernstrategien anzuwenden, sind beachtliche Erfolge möglich.

Menschen lernen gern. Neue Erkenntnisse zu gewinnen oder eine neue Fertigkeit zu beherrschen, ist ein schönes Gefühl. Das Gehirn verfügt über spezielle Belohnungssysteme, die bei Lernprozessen eine Rolle spielen. Bestimmte Neurotransmitter haben dabei eine wichtige Funktion. Sind diese Neurotransmitter aktiviert, regen sie Zentren im Gehirn an, die das mit einer bestimmten Aktivität einhergehende Gefühl als angenehm registrieren. Dadurch erhöht sich die Wahrscheinlichkeit, dass ein Mensch diese befriedigende Aktivität wiederholt.

Die Motivation, aktiv zu werden und eine Aufgabe anzupacken, kann entweder „top-down" (von oben nach unten) oder „bottom-up" (von unten nach oben) ausgelöst werden. Top-down bedeutet,

---

[4] Aus: Goethe erzählt sein Leben, Frankfurt a. M, (S. Fischer Verlag) 1961.

dass Sie zum Beispiel etwas bewusst lernen wollen. (Erstaunlicherweise findet übrigens nur etwa 1 Prozent des Lernens bewusst statt.) Zu diesem Zweck entwickeln Sie eine Strategie und führen sie aus. Diese Denkprozesse sind komplex und relativ langsam, aber sie führen zu neuen Einsichten und Erkenntnissen. Der kognitive Teil der Stirnhirnrinde ist dabei speziell beteiligt.

Bottom-up heißt, dass die Motivation aus einem unmittelbaren Sinneserlebnis entsteht. Sie sind entzückt von der Harmonie einer Mozartsonata, vom Lächeln der Mona Lisa. Die Verarbeitung dieser Eindrücke findet schnell – und häufig unbewusst – statt. Die dabei aktivierten Zentren sind vorwiegend im limbischen (emotionalen) Teil der Stirnhirnrinde lokalisiert.

Neugierde erhöht die Lernbereitschaft. Ein Mensch, der neugierig ist, wird aufmerksam, wenn er Unterschiede zwischen Gewohntem und Ungewohntem feststellt. Er verweilt beim Versuch, diese Unterschiede zu verstehen. Ein kleiner Test hat bewiesen, dass diese spezifische Art von Neugierde im üblichen Alter nicht abnimmt. In der Annahme, dass Menschen ein ungewohntes Bild länger ansehen, weil es ihre Neugierde weckt, zeigten Forscher Versuchspersonen im Alter von 42 und 71 Jahren bekannte und verzerrte, also ungewohnte, Bilder. Beide Altersgruppen schauten signifikant länger die ungewohnten Bilder an als die gewohnten und zeigten also das gleiche Maß an Aufmerksamkeit für etwas Ungewohntes.

Wenn Sie etwas Neues lernen, verändert sich Ihr Gehirn. Das Gehirn ist formbar; Hirnforscher verwenden das Wort „plastisch“. Sie haben in Kapitel 1 gelesen, wie das Gehirnareal, das für Tasteindrücke der Finger zuständig ist, sich vergrößert, wenn Menschen die Blindenschrift erlernen. Um die Buchstaben zu lernen, müssen sie den ertasteten Mustern ihre volle Aufmerksamkeit widmen. Am Anfang werden fragile Synapsen zwischen Nervenzellen verknüpft. Mit weiterer Übung werden die Schaltkreise verstärkt (siehe Anhang: „Wie Lernen stattfindet“, Seite 178).

Neue Forschungen haben gezeigt, dass Lernen einen Einfluss auf die Gene im Zellkern hat. Wiederholte Aktivität regt die Gene an, ihre Bauanleitungen für die Bildung neuer Eiweiße freizusetzen. Die Eiweiße werden als Gerüst für neue Verästelungen an den Nervenzellen gebraucht, welche die Bildung weiterer Kontakte ermöglichen (siehe Anhang, Seite 181, „Wie Umwelt und Aktivität die Arbeit der Gene beeinflussen").

Im gesunden Gehirn wachsen die neuronalen Verästelungen mindestens bis zum Alter von 80 Jahren aus. In Gehirnen von Patienten mit geistigem Abbau gibt es dagegen eine überwiegende Zahl von Neuronen mit abgebauten oder geschrumpften Dendriten.

Praktische Anregungen für das Lernen

> „Der Anfang war deprimierend. Obwohl ich mich sehr angestrengt habe, konnte ich mich nicht auf den Stoff konzentrieren. Das Gelesene ergab keinen Sinn, die Zahlen und Bezeichnungen von neuen Medikamenten verschwammen irritierend vor meinen Augen. Ich konnte sie mir nicht merken. Am Abend fühlte ich mich abgeschlagen und erschöpft. Ich wollte aufgeben. Aber nach etwa drei Wochen passierte ein Wunder. Ich konnte mich besser konzentrieren, die Einzelheiten besser in Erinnerung behalten. Das Lernen machte mir sogar plötzlich Spaß."
>
> *Aussage einer Ärztin, die sich im Alter von 57 Jahren zu einem Examen in einem speziellen Fachgebiet entschlossen hatte – das sie schließlich glänzend bestand.*

Voller Neugier und Begeisterung sitzen Sie im Klassenzimmer der lokalen Volkshochschule und warten auf den Beginn des Spanisch- oder Kunstgeschichte-Kurses. Doch einige Tage später bezweifeln Sie, ob Sie jemals den Stoff beherrschen werden. Gibt es keine Tipps, die Hans helfen können, das zu lernen, was er als Hänschen nicht gelernt hat? Nutzen Sie Ihr Wissen über das Gehirn und das Gedächtnis: Sie sind hoch motiviert, Sie haben Zeit; Sie sind bereit, verschiedene Strategien anzuwenden, um an ihr Ziel zu kommen. Nutzen Sie Ihren Erfahrungsschatz. Wenn Sie etwas Neues lernen, versuchen Sie es in Verbindung zu setzen mit dem, was Sie schon darüber wissen.

Denken Sie positiv und beherzigen Sie den Satz „Lernen kann man in jedem Alter". Gleichzeitig sollten Sie sich entspannen. Das Gehirn ist keine Maschine, die jeden Tag gleich zuverlässig arbeitet. Nehmen Sie sich Zeit und seien Sie geduldig mit sich selbst.

Jedes Ziel oder jede Zwischenetappe sollte eine Herausforderung sein. Ist die Aufgabe zu einfach, fehlt Ihnen die notwendige Spannung, die sie interessant und motivierend macht. Übersteigt jedoch die Aufgabe Ihre Kräfte und Möglichkeiten oder ist die Zeit dafür zu kurz bemessen, geraten Sie unter einen zu starken Leistungsdruck, der Stress erzeugen kann. Unter Stress aber ist der Lernerfolg sehr erschwert. Der Grad der Anspannung spiegelt sich in der Menge des Stresshormons Kortisol wider, die vom Körper ausgeschüttet wird. Wenn der Körper zu wenig Kortisol in die Blutbahn freisetzt, fehlen Interesse und Aufmerksamkeit. Bei einem mittleren Kortisolwert bestehen optimale Lernbedingungen. Ein zu starker Anstieg des Kortisolpegels führt zu Stress und wirkt sich ungünstig auf Lernprozesse aus.

Finden Sie Ihre optimale Tageszeit. Während lediglich 5 Prozent der jungen Erwachsenen dafür die Morgenstunden angeben, erklären 73 Prozent der Menschen zwischen 60 und 75 Jahren, dass dies die beste Zeit ist. 38 Prozent der jüngeren Menschen finden den Abend günstig, nur für 2 Prozent der älteren ist dies der Fall. Kaffee hat den größten anregenden Effekt, wenn er in der *nicht*-optimalen Zeit getrunken wird.

Nehmen Sie sich nicht zu viel auf einmal vor. Es gelingt besser, Informationen aufzunehmen, wenn Sie sie in kleinere „Pakete" schnüren. Lesen Sie beispielsweise einige Absätze eines Textes. Fassen Sie mündlich oder schriftlich zusammen, dann machen Sie eine kurze Pause.

Vermeiden Sie Ablenkungen während der Arbeitszeit. Reduzieren Sie Umgebungsgeräusche so weit wie möglich. Sitzen Sie bequem. Wenn Sie gehen, dann mit ruhigen, sicheren Schritten. Gehen unter erschwerten Umständen schränkt das Erinnerungsvermögen ein. Lesen Sie einen kurzen Text, dann schließen Sie die Augen und denken Sie konzentriert darüber nach. Das Schließen der Augen erhöht die Erinnerungsbildung um 35 Prozent.

Beziehen Sie Ihre Gefühle in Ihr Denken ein. Tatsachen und Erlebnisse, die uns emotional bewegen und einen hohen Gefühlswert für uns haben, vergessen wir nicht so schnell. Bedeutung und Gefühl sind so genannte „Gedächtniskleister". Sie helfen dem Gehirn, Gedanken und Erinnerungen im Gedächtnis zu speichern. Wenn Sie zum Beispiel Ihre Spanischvokabeln lernen, beziehen Sie Ihre Gefühle ein. Denken Sie an die Ferien in Barcelona, an die Freunde dort, mit denen Sie reden möchten.

Aktivieren Sie mehrere Sinne auf einmal. Wenn Sie einen Artikel in der Zeitung laut vorlesen, regen Sie mindestens vier Hirnregionen an: das Sehhirn, das Sprachzentrum, die motorische Hirnrinde, welche die Sprechmuskeln in Bewegung setzt, und das Areal, welches das Gehörte aufnimmt und interpretiert. Wenn Sie einen Satz aufschreiben, prägen Sie sich sowohl das Schriftbild als auch die Muskelbewegungen ein. Außerdem denken Sie auch länger daran. Um komplizierte Zusammenhänge besser zu verstehen, hilft es manchmal, eine einfache Tabelle aufzustellen oder eine Skizze zu entwerfen.

Nutzen Sie Priming („Zündung"), weil diese Fähigkeit im Alter gut erhalten bleibt. Verbinden Sie etwas, was Sie nicht vergessen wollen, mit einem entsprechenden Bild oder Gegenstand. Nehmen wir an, Sie wollen die spanischen Wörter für Geschirr lernen. Stellen Sie eine Tasse auf den Tisch und sagen Sie laut dazu „taza". Prägen Sie sich das Bild ein. Das nächste Mal, wenn Sie eine Tasse sehen, kommt Ihnen das Wort „taza" eher in den Sinn.

Verwenden Sie Ihr neues Wissen in einem praktischen Zusammenhang. Wenn Sie Wörter für Ihren Fremdsprachenkurs lernen, erfinden Sie eine kleine Szene, in der sämtliche Vokabeln vorkommen. Noch besser ist es, wenn Sie Personen in Ihrer Umgebung aufsuchen, die die entsprechende Sprache sprechen. Wenn Sie gerade einen interessanten Text gelesen haben, schreiben Sie eine kurze Zusammenfassung. Besprechen Sie das, was Sie gerade gelernt haben, mit anderen Menschen.

Nicht verfestigtes Wissen verflüchtigt sich wie trockene Löwenzahnblüten im Sommerwind. Nachdem Sie etwas Neues gelernt haben, sollten Sie Ihrem Gehirn Gelegenheit geben, es zuverlässig zu speichern. Wiederholen Sie den Stoff zuerst nach 1 bis 2 Stunden, dann am nächsten Tag. Danach können die Abstände länger werden.

Sorgen Sie für einen gesunden, tiefen Schlaf. Kurz nach dem Einschlafen findet eine Tiefschlaf-Phase statt. Während dieser Zeit wird neu Gelerntes vom Kurzzeit- ins Langzeitgedächtnis überführt. Information wird neu geordnet. Es ist deshalb möglich, dass Sie am nächsten Morgen neue Zusammenhänge oder Lösungen sehen, die Ihnen am Vortag nicht eingefallen sind.

Gibt es Substanzen, die Hirnleistungen erhalten oder verbessern können?

Der Gedanke, Hirnleistungen zu erhalten oder sogar zu steigern, ohne mit vermehrter körperlicher und geistiger Aktivität etwas dafür tun zu müssen, ist verlockend. Doch gerade diese Aktivität gibt uns die Möglichkeit, eine Leistungssteigerung aus eigener Kraft zu bewirken.

Der Einfluss von Medikamenten auf die Hirnleistungen gesunder, aktiver Menschen ist schwer zu messen. Eine Forschergruppe verglich Erinnerungs- und Denkprozesse in zwei Testgruppen: Die eine Gruppe erhielt ein Ginkgo-biloba-Präparat, die andere ein ähnlich aussehendes Mittel, das keinen Wirkstoff enthielt (Placebo). Bei 30 Prozent der Personen in der ersten Gruppe zeigte sich eine Leistungsverbesserung, aber auch bei fast 20 Prozent der Personen in der Gruppe ohne Ginkgo-Präparat verbesserte sich die Leistung.

Bei krankheitsbedingtem Leistungsabfall werden je nach vorhandenen Symptomen verschiedene Mittel – als Ergänzung zur körperlichen und geistigen Aktivität – mit positiven Resultaten eingesetzt. Es gibt zum Beispiel Medikamente, die die Aufmerksamkeit erhöhen, Angstzustände dämpfen, den Blutkreislauf im Gehirn verbessern. Die Vitamine C und E werden manchmal für Patienten mit Alzheimer- oder Parkinsonkrankheit verschrieben. Es ist aber noch nicht klar, ob solche Vitaminpräparate für gesunde Menschen von Bedeutung sind.

Wenn Sie beunruhigt sind, weil Sie eine Abnahme Ihrer geistigen Leistungsfähigkeit vermuten, sollten Sie ihre Ängste unbedingt mit einer medizinischen Fachperson besprechen. So können optimale Maßnahmen ergriffen werden, die auf Ihre individuelle Situation zugeschnitten sind. Unbedingt zu beachten ist, dass viele nichtrezeptpflichtige Medikamente entweder allein oder in Kombination mit anderen Mitteln unerwünschte Nebenwirkungen haben können, zum Beispiel die Erhöhung des Blutdrucks oder eine Verminderung der Gerinnungsfähigkeit des Blutes.

Gelegenheiten, Neues zu lernen, finden sich überall

Abgesehen vom Lernen im Alltag, zum Beispiel durch das Hören von Radiosendungen, das Lesen von Büchern und Artikeln, das Anschauen von Fernsehprogrammen, das Diskutieren am Stammtisch, besteht ein reiches Angebot an Kursen für Senioren. In der Regel kann man auch an einer Universität einen Platz als Gasthörer einnehmen und von den Vorlesungen profitieren. Die Teilnahme an Seminaren oder der Besuch von Vorlesungen an der Universität haben zusätzlich zur Befriedigung des Wissensdursts den Vorteil, dass sie verschiedene Generationen zusammenbringen, eine Bereicherung für alle.

Lokale Einrichtungen und Institute für Senioren bieten eine Menge Kurse an, die Menschen mit verschiedenen Interessen ansprechen. Fremdsprachenlehrgänge sind sehr beliebt, aber auch Themen wie Archäologie, Geschichte, Politik und Kunst- oder Musikgeschichte. Meist besteht auch die Möglichkeit, ganz neue Fertigkeiten, wie zum Beispiel Glasmalerei, Bildhauerei, Nähen, Sticken, oder Klavier spielen, zu erlernen.

Viele Menschen werden aber erst richtig motiviert, wenn sie ein gewisses Ziel vor Augen haben. Sie wollen zum Beispiel mit ihren Enkelkindern per E-Mail korrespondieren oder sie wollen ein Sprachenzertifikat erwerben. Es gibt auch die Möglichkeit, ein Zertifikat zu erwerben, das zu einer nachberuflichen Tätigkeit berechtigt. In Dortmund besteht ein Programm für Menschen über

50 mit dem Ziel der „Kompetenzerweiterung für eine nachberufliche, gesellschaftlich relevante Tätigkeit, zum Beispiel in einer sozialen Einrichtung".

Gelegentlich haben Seniorinnen und Senioren bei ungewohnten technischen Apparaten, wie Computern, Taschenrechnern, Mobiltelefonen, gewisse Berührungsängste. Der Erfolg einschlägiger Kurse beweist, dass immer mehr Menschen sich daran machen, diese Ängste abzubauen. Die Statistik zeigt eine steigende Anzahl von Internetbenutzern zwischen 50 und 64 Jahren in Deutschland. Surften 1998 lediglich 0,8 Prozent dieser Altersgruppe im Internet, so waren es im Jahr 2002 schon 4,1 Prozent. Dieser Trend scheint anzuhalten und das Interesse am Computer packt auch Mitglieder noch älterer Jahrgänge. Menschen mit körperlichen Behinderungen können Kataloge einsehen und Kleidungsstücke, Möbel und Esswaren bequem nach Hause bestellen. Eine Unmenge Information, auch zu wichtigen Gesundheitsfragen, steht zur Verfügung. Und nicht zuletzt bietet das Internet Senioren und Seniorinnen die Möglichkeit, mehr Kontakt mit entfernt lebenden Kindern und Enkeln zu haben.

Körperliche Aktivität fördert mentale Leistungen

Wenn wir Sie im Kapitel 3 nicht schon überzeugt haben, mehr körperliche Aktivität in Ihr Tagesprogramm einzubauen, liefert das Folgende noch einige gewichtige Gründe mehr: Körperliche Aktivität kann Ihre Hirnleistungen verbessern und das Risiko für Demenz senken. Wie wir oben betont haben, braucht das Gehirn intakte Körpersysteme, damit seine Zellen die notwendigen Aufbau- und Energiestoffe ohne Unterbrechung erhalten. Darüber hinaus fördert körperliche Aktivität die Ausschüttung von Substanzen, die die Nervenzellen schützen. Diese Wachstumsfaktoren (Neurotrophine) werden besonders im Hippocampus produziert, dem Organ, das zentral für die Bildung von Erinnerungen ist.

Neue Studien mit bildgebenden Verfahren haben gezeigt, dass körperliches Training Denkprozesse anregt und sogar eine altersbedingte Abnahme von Hirngewebe in verschiedenen Hirnrindenarealen aufhalten kann. Die Erhöhung der körperlichen Fitness hat den größten Effekt in Arealen, die im Alter am stärksten vom Abbau betroffen sind, zum Beispiel in der präfrontalen Hirnrinde, die wichtig für Planen und Beurteilen ist, und in Regionen, die für Sinneswahrnehmung und Sprache zuständig sind. Aerobe Fitness (vgl. dazu die Tabelle „Fitness und Pulsrate während des Trainings“, Seite 66) schützt auch die Isolierschicht der Nerven, das Myelin, das die Weiterleitung von Nervenimpulsen beschleunigt.

Die vielfältige Wirkung eines Trainingsprogramms mit zügigem Gehen zeigte eine Untersuchung mit 60- bis 75-jährigen Teilnehmern, die vor dem Training eine „sesshafte Lebensweise“ gepflegt hatten. Die Teilnehmer absolvierten dreimal pro Woche eine Trainingsperiode von 45 Minuten zügigem Gehen. Sechs Monate später zeigten sie eine deutliche Verbesserung der „Exekutivfunktionen“ wie Kurzzeitgedächtnis, Planen, Zeit einteilen, Impulse beherrschen und Ablenkungen abwehren. Eine Kontrollgruppe, die reine Dehnungsübungen gemacht hatte, zeigte in den psychologischen Tests bedeutend kleinere Fortschritte.

An der Universität Erlangen-Nürnberg wurde eine interdisziplinäre Untersuchung durchgeführt mit dem Ziel, die Bedingungen für eine optimale Erhaltung und Förderung der Selbstständigkeit im höheren Alter festzustellen. Teilnehmer waren 309 Menschen im Alter von 75 bis 93 Jahren. Fünf verschiedene Trainingsprogramme wurden miteinander verglichen: (1) Kompetenztraining (Alltagsbewältigung), (2) Gedächtnistraining, (3) psychomotorische Fähigkeiten, (4) eine Kombination von Kompetenz- und psychomotorischem Training (Bewegungssicherheit) und (5) ein kombiniertes Programm mit Gedächtnis- und psychomotorischem Training. Neun Monate lang führten die verschiedenen Gruppen einmal pro Woche zwei bis drei Stunden gezielte Übungen im entsprechenden Bereich aus.

Sämtliche Trainingsprogramme hatten einen positiven Einfluss auf die Leistungen im spezifisch trainierten Bereich. Personen mit niedrigen Ausgangwerten profitierten mehr vom Training als Teilnehmer mit guten Ausgangswerten. Sowohl Kompetenztraining allein wie auch Gedächtnistraining allein bewirkten weniger gute Resultate als deren Kombination. Die Gruppe mit den besten Resultaten am Ende der Trainingsperiode war diejenige, die eine Kombination von Gedächtnis- und psychomotorischem Training absolviert hatte. Man kann somit sagen, dass Trainingsprogramme, die eine sowohl körperliche wie auch geistige Komponente enthalten, die besten Aussichten für Erfolg bieten. Solche Programme können einen wesentlichen Beitrag zur Erhaltung der Selbstständigkeit im Alter leisten.

Regelmäßiges körperliches Training hat noch weitere Vorteile. Es führt dazu, dass Menschen sich geistig und körperlich wohl fühlen: Sie sind weniger mit sich selbst und ihren eigenen Problemen beschäftigt und offener für neue Erfahrungen. Ich war von einer 95-jährigen Frau beeindruckt, die in einem Zeitungsinterview sagte, sie gehe dreimal pro Woche ins Fitness-Center, um die nötige Energie für ihre Aktivitäten in Kirche und Gemeinde zu tanken.

Paul Baltes unterstreicht die Wichtigkeit von körperlicher Tüchtigkeit für die geistige Leistungsfähigkeit. Die Forscher in seinem Institut führten Experimente durch, bei denen Menschen gleichzeitig motorische und geistige Tätigkeiten ausübten. Zum Beispiel mussten sie auf unsicherem Boden die Balance halten und dabei Gedächtnis- oder räumliche Navigationsaufgaben lösen. Bei solchen Doppelaufgaben schienen die älteren Teilnehmer einen größeren Anteil ihrer geistigen Reserven zu verbrauchen. Ihre Testresultate wurden schlechter, wenn sie sich intensiv auf ihre Körperhaltung konzentrieren mussten. Als Erklärung vergleicht Baltes einen schlecht funktionierenden, untrainierten Körper mit einer Hypothek, die den Geist einiges kostet. Man stelle sich vor, dass jeder Mensch ein bestimmtes Intelligenzguthaben hat. Dieses Guthaben wird in unterschiedliche Aktivitäten investiert: in Lesen, Schreiben, Denken, Körperkoordination. Wenn der Körper untrainiert ist, erfordert die Ausführung von motorischen Aufgaben einen übermäßigen Anteil des Gesamtvermögens.

Stärken des Alters

Lebenserfahrung: Durch nichts zu ersetzen

Menschen, die sich zu sehr auf die abnehmenden Funktionen des Gehirns im Alter konzentrieren, verpassen die Leistungen, die zunehmen und erst mit dem Alter zur vollen Blüte gelangen. Die Abbildung stellt den Vergleich von drei Hauptbereichen der Hirnleistungen dar.

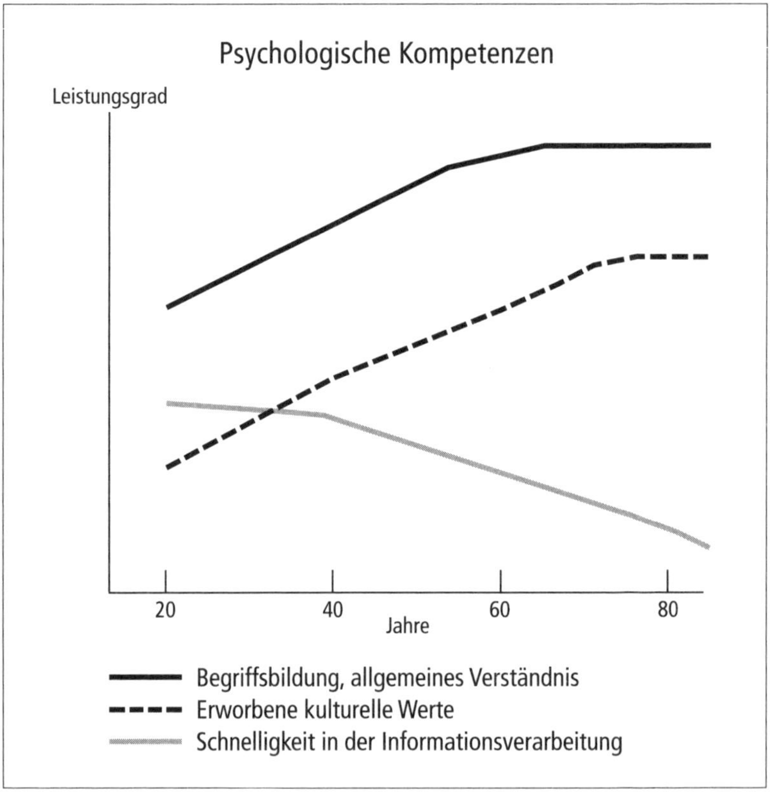

Die Geschwindigkeit der Verarbeitung von Reizen und die Gedächtnisfunktionen nehmen zwar ab, doch aufgrund der Zunahme von Lebenserfahrung und Menschenkenntnis nimmt die Leistung im soziokulturellen Bereich zu. Wenn wir ein Beispiel aus der Computerwelt nehmen, heißt dies, dass die „Hardware" zwar abnimmt, doch die „Software"-Komponenten nehmen zu. Die fett gedruckte schwarze Linie in der Graphik spiegelt nicht nur zunehmendes Wissen wider, sondern auch eine Zunahme im Bereich der Sprache.

Im Berufsleben ist Erfahrung nicht zu unterschätzen. Ein Arzt mit einer langjährigen Praxis kennt seine Patienten manchmal über eine Spanne von drei Generationen. Dank Weiterbildung verfolgt er die neuesten Entwicklungen in der Medizin und kann neue Therapien mit älteren Methoden vergleichen. Wenn es darum geht, einen kranken Zahn ziehen zu lassen, wer ginge da nicht lieber zu einem Zahnarzt, der jahrelange Übung auf diesem Gebiet hat, als zu einem, der gerade das Zahnarztstudium abgeschlossen hat? Wenn körperliche Fitness und gute Reaktionsgeschwindigkeit erhalten bleiben, sind Menschen im oberen mittleren Alter für anspruchsvolle Tätigkeiten sehr geeignet. Der neue Airbus A 380 wurde bei einem Testflug von zwei Piloten im Alter von 56 und 59 Jahren gesteuert.

Das Altern ist ein sehr individueller Prozess und viele Menschen, vor allem in den Geisteswissenschaften, bleiben bis ins hohe Alter in ihrem Beruf tätig. Traurige Realität ist jedoch auch, dass das Wissen und die wertvollen Erfahrungen von Menschen im Rentenalter nicht genügend wahrgenommen und eingesetzt werden.

In der Arbeitswelt sollte individuellen Kompetenzen und Bedürfnissen in höherem Maße Rechnung getragen werden. Anstelle einer festen Altersbegrenzung für die Ausübung eines Berufes könnten flexible Altersgrenzen oder, ähnlich wie in Japan, eine stufenweise Pensionierung angestrebt werden. Ältere Mitarbeiter und Mitarbeiterinnen sollten die Möglichkeit erhalten, sich kompetent beraten zu lassen und an Trainingsprogrammen teilzunehmen. Gelegenheiten für Weiterbildung und Umschulung müssen geschaffen werden. Die Erkenntnis, dass die Wirtschaft die verschiedenen Kompetenzen von jüngeren und älteren Menschen braucht, muss sich noch praktisch durchsetzen. Viele Aufgaben erfordern schnelle Reaktionen, neue Wissensinhalte und die Anwendung von Techniken, die Berufsanfänger in ihrer Ausbildung soeben erlernt haben. Bei anderen Aufgaben sind breite Erfahrungen und Menschenkenntnisse gefragt.

Es ist erfreulich, dass Programme entwickelt werden, um die Erfahrungen älterer Berufstätiger für junge Berufseinsteiger nützlich zu machen. Die in Bonn ansässige Bundesarbeitsgemeinschaft der Senioren-Organisationen (BAGSO) fördert den Einsatz von Senioren als ehrenamtliche Mentoren für junge Menschen, die sich um eine erste Arbeitsstelle bewerben. Viele, besonders die leistungsschwächeren Bewerber und Bewerberinnen, brauchen die individuelle Betreuung von erfahrenen Fachleuten. Die Mentoren helfen zum Beispiel mit berufsbezogenem Training, mit Sprachunterricht oder bei der Vorbereitung auf Vorstellungsgespräche.

Der „Senior Experten Service“ (SES), eine international tätige, gemeinnützige und unabhängige Nichtregierungsorganisation, vermittelt ältere Menschen mit langjähriger Berufserfahrung an entsprechende Auftraggeber. Für die steigende Nachfrage nach Fachkräften im Ruhestand benötigt der SES „Nachwuchs“. Gesucht werden Rentner oder Pensionäre, die über aktuelles Fachwissen verfügen, möglichst Fremdsprachen sprechen und bereit sind, diese Kenntnisse zur Verfügung zu stellen. Wünschenswert sind auch berufliche Erfahrungen im Ausland. Seit der Gründung des SES im Jahr 1983 haben die von ihm vermittelten Expertinnen und Experten über 13 000 Einsätze in 150 Ländern durchgeführt.

Das Sammeln von Erfahrungen über eine lange Lebensspanne könnte die Grundlage für Weisheit sein. Paul Baltes und seine Kollegen haben einige Kriterien ausgearbeitet, die zum Begriff der „Weisheit“ gehören. Die fünf Kriterien sind: 1) Allgemeines Wissen über die menschliche Natur und spezifisches Wissen über soziale Ereignisse und Institutionen, 2) Wissen um mögliche Vorgehensweisen, um mit Lebensproblemen umzugehen, 3) Wissen um historische und gesellschaftliche Veränderungen, 4) Wissen um die Relativität von Werten und Lebenszielen und 5) das Eingestehen der Ungewissheit des Lebens, der Tatsache, dass man die Zukunft nicht voraussehen kann.

Anhand dieser Kriterien beurteilten die Wissenschaftler die Antworten von Versuchspersonen auf Fragen, die sich auf eine mögliche Lebenssituation bezogen, zum Beispiel: „Ein 15-jähriges Mädchen möchte sofort heiraten. Welche Faktoren sollten berücksichtigt werden?" Antworten, die ein umfassendes Verständnis sowohl für persönliche Wünsche und Ansichten wie auch für ein breites Spektrum von Lebensumständen widerspiegelten, wurden als „weise" beurteilt. Ältere Menschen schnitten in diesem Test besser ab als jüngere.

Gefühle: Sie bleiben intensiv und wichtig

> Die Studers waren schon „alt", als wir unsere Wohnung im gleichen Haus im ruhigen Quartier am Park bezogen. Doch sie waren lebhaft und interessiert und hatten große Freude an unseren beiden kleinen Töchtern. Obwohl Frau Studer zunehmend unter einem schweren Diabetes litt und beide Beine verlor, blieb das Ehepaar noch jahrelang in seiner Wohnung im dritten Stock ohne Lift wohnen. Während dieser Zeit machte Herr Studer die Einkäufe, kümmerte sich um den Haushalt und pflegte liebevoll seine Frau. Als sie etwas über 90-jährig starb, wurde ich herbeigerufen. Ich werde nie vergessen, wie Herr Studer die Hand seiner Frau sanft streichelte und mit leiser Stimme sagte: „Ist sie nicht schön?"
>
> *Ein befreundeter Arzt und Nachbar des Ehepaares*

Liebe, Bewunderung und Hingabe verwelken nicht mit den Jahren. Im Gegenteil, ein langes Leben zusammen schafft eine starke Beziehung, die aus gemeinsamen Erinnerungen an Höhen und Tiefen gewachsen ist. Zärtlichkeit und Geborgenheit gehören zu den Grundbedürfnissen jedes Menschen. Menschen, die im Alltag von liebenden Mitmenschen umsorgt werden, haben bessere Chancen, Krankheiten und schwere Operationen zu überleben.

Doch nicht nur die Liebe bleibt. Die ganze Palette menschlicher Emotionen ist bei Menschen im üblichen Alter vorhanden –

einschließlich Leidenschaft und Verzweiflung. Als ich ein junger Assistent im Zürcher Universitätskrankenhaus war, wurde eine Frau in die Notfallambulanz eingewiesen. Sie hatte sich am helllichten Tag von der Brücke mitten in der Stadt in den Zürcher See gestürzt. Eine Krankenschwester berichtete mir, nachdem die Frau sich etwas erholt hatte, habe sie erklärt, ihr Handeln sei ein Akt der Verzweiflung gewesen: Ihr etwa gleichaltriger Ehemann habe sie völlig unerwartet wegen einer anderen Frau verlassen. Ich fragte die Schwester nach dem Alter der Patientin. „Fünfundachtzig", antwortete sie.

Ältere Menschen zeigen ein wachsendes Verständnis für die Bedürfnisse anderer, was zu dem erhöhten Wunsch führt, anderen Menschen beizustehen und zu helfen. Dank dieser Hilfe können viele kranke oder behinderte Menschen in ihren eigenen Häusern oder Wohnungen bleiben. Großeltern übernehmen oft wichtige Betreuungs- und Erziehungsaufgaben im Rahmen der Familie. Sie freuen sich an der heranwachsenden neuen Generation und sind bereit, einen Beitrag für deren Zukunft zu leisten.

Spirituelle Werte gewinnen an Bedeutung

„Der Mensch kann nicht leben ohne ein dauerndes Vertrauen zu etwas Unzerstörbarem in sich, wobei sowohl das Unzerstörbare als auch das Vertrauen ihm dauernd verborgen bleiben können. Eine der Ausdrucksmöglichkeiten dieses Verborgenbleibens ist der Glaube an einen persönlichen Gott."

Franz Kafka[5]

Mit dem Alter verschieben sich die Interessen in Richtung der großen Fragen des Lebens. Erfahrungen mit schweren Krankheiten und der Verlust lieber Mitmenschen prägen die Wahrnehmung der Vergänglichkeit. Man fragt sich: Was habe ich im Leben erreicht; was bleibt, wenn ich nicht mehr hier bin? Wie man mit diesen

[5] Zitiert nach: Quellen jüdischer Weisheit, St. Gallen 1969.

Fragen umgeht, hängt von der kulturellen Umgebung, der Ausbildung und von persönlichen Lebenserfahrungen ab.

Viele Menschen finden Trost und Unterstützung in der Religion. Untersuchungen haben gezeigt, dass ein tiefer religiöser Glaube die Aussichten auf Erholung von schweren Krankheiten und Operationen verbessern kann. Der Glaube an eine Kraft, die das Universum zusammenhält und ewigen Bestand hat, verleiht dem einzelnen Menschen Würde und eine sichere Heimat in der Weltgeschichte.

Persönliche Stärken entdecken und einsetzen

Jedes Altern bedeutet einen individuellen Weg in unerschlossenes Terrain. Und für viele Menschen, vor allem diejenigen, die vom Temperament her dazu neigen, dem Neuen mit Besorgnis zu begegnen, ist dieser Lebensabschnitt zugleich geheimnisvoll und beängstigend. Neben dem Erwerb von Wissen über Alterungsprozesse gilt es, ein sicheres Selbstgefühl zu entwickeln und persönliche Stärken und Schwächen bewusst einzuschätzen. Der über 80-jährige amerikanische Verhaltensforscher B. F. Skinner schrieb trotz seiner vielen Altersbeschwerden das amüsante Büchlein „Das Alter genießen". Darin ermunterte er seine Leser und Leserinnen, das Alter als Herausforderung anzunehmen: „To enjoy life at any age, one must view each difficulty as simply a problem to be solved" („Um in jedem Alter das Leben zu genießen, muss man jede Schwierigkeit bloß als Problem ansehen, das es zu lösen gilt").

Negative Autosuggestion vermeiden

In einem Zeitalter, in dem ein vor zwei Jahren angeschaffter Computer auf dem Müll landet und ein Loch im Strumpf die Anschaffung eines neuen Paars bedeutet, verbinden viele das Wort „alt" mit „verbraucht", „nicht mehr erhaltenswürdig". Diese automatische Verknüpfung muss unterbrochen werden. Auf Momente der Vergesslichkeit sollte die automatische Reaktion auch keinesfalls lauten: „Ich bin ja alt." Wenn jemand zum Beispiel von „Altersstarrsinn" spricht, erinnern Sie ihn daran, dass es Starrsinn in jedem Alter geben kann. Denken Sie an die alten Menschen in Ihrer Umgebung, die *nicht* in dieses Muster passen.

Humor gibt Menschen in jedem Alter die Möglichkeit, Ängste und Spannungen abzubauen und Witze können viel zur Toleranz und Lebensfreude beisteuern. Doch wenn sich jüngere – oder sogar ältere – Menschen ständig Witze über die negativen Seiten des Alters erzählen, ist Vorsicht geboten, denn so können sich negative Vorurteile in Form von harmlosen, humorvollen Andeutungen ins Gedächtnis einschleichen und sich dort dauerhaft einnisten.

Lange Zeit wurden ältere Menschen in Filmen und Fernsehsendungen vorwiegend als sture, geizige, verkümmerte Wesen dargestellt. Inzwischen gibt es erfreuliche Versuche, sie auch als kompetente, erfüllte Individuen zu zeigen. Einige Filme zeigen Liebe und Freundschaft im Alter oder schwere Schicksalsschläge, die Menschen im Alter bewältigen. Es muss aber noch viel mehr in dieser Richtung getan werden.

Vorbilder suchen: Beispiele erfolgreicher Alter

Ebenso wie in der Kindheit, in der Jugend und im jüngeren Erwachsenenalter suchen auch ältere Menschen Vorbilder, die ihnen als Leitlinie für ihr Handeln oder ihre Lebensführung dienen können. Sich dessen bewusst zu sein, was andere Menschen im Alter geleistet haben oder was Mitmenschen in der unmittelbaren Umgebung leisten, ist ein Ansporn, es ihnen soweit wie möglich gleichzutun.

Beim Blick auf die Geschichte zeigt sich, dass Menschen im hohen Alter über ein beträchtliches kreatives Potential verfügen können. Simone de Beauvoir, die berühmte Schriftstellerin, Feministin und Lebensgefährtin von Jean-Paul Sartre, hat bis zu ihrem Tod mit 78 Jahren bei der Zeitschrift *„Les temps Modernes"*, die sie mit Sartre zusammen gegründet hatte, publiziert. Der Pianist Arthur Rubinstein gab Konzerte bis ins Alter von 89 Jahren. Pablo Picasso hat mit 87 Jahren zwei große Serien von Radierungen vollendet. Konrad Adenauer ist mit 87 Jahren als Bundeskanzler zurückgetreten. Marion Gräfin Dönhoff, Journalistin und Herausgeberin der *„Zeit“*, hat mit 85 Jahren ihr Werk „Um der Ehre willen“ veröffentlicht.

Der Kreativitätsforscher M. Csikszentmihalyi, der mit einer Reihe besonders erfolgreicher älterer Künstler und Wissenschaftler sprach, entdeckte mehrere Gemeinsamkeiten in Bezug auf Lebensziele und die Einschätzung der eigenen Fähigkeiten. Er war überrascht, dass alle Menschen in der Studie, auch diejenigen, die weit über 80 waren, betonten, wie wohl sie sich fühlten. Ihre körperlichen Beschwerden betrachteten sie als nebensächlich.

Obwohl viele der befragten Personen eine generelle Abnahme der Energie oder eine Verlangsamung ihrer Denkprozesse erwähnten, empfanden fast ebenso viele, dass ihre kognitiven Leistungen etwa gleich geblieben seien. Sie waren überzeugt, dass sie dank ihrer größeren Erfahrung gewisse Probleme sogar schneller anpacken und effizienter lösen konnten als in jüngeren Jahren.

Von besonderem Interesse ist bei den befragten kreativen Senioren und Seniorinnen die Ausrichtung ihrer Interessen auf die Zukunft. Sie sprachen wenig über ihre Erfolge in der Vergangenheit, sondern beschrieben ausführlich ihre Projekte für die Zukunft. Sie freuten sich auf neue Entdeckungen und auf die Vollendung ihrer künstlerischen Werke. Nicht nur unter berühmten Künstlern, sondern auch im Alltag sind viele Beispiele beeindruckender Leistungen im hohen Alter zu finden: die 91-jährige Nachbarin, die ihr Bankportfolio selbst verwaltet; der knapp 90-jährige Pathologie-Professor, der Gedichte verfasst und publiziert; der Bergführer, der mit 90 Jahren das Matterhorn besteigt. Als Grund für ihre Lebendigkeit betonen diese Menschen die Freude, die ihre Aktivitäten ihnen bereiten, oder ihre allgemeine Lebensfreude. Ein hundertjähriger ehemaliger Bergsteiger, der sich heute mit ausgedehnten Wanderungen im Schweizer Mittelland begnügt, sagte kürzlich: „Ich habe noch viele Gründe, mich zu freuen. Wer die Freude verliert, wird alt.“

Vorbilder können auch Freunde und Nachbarn sein, deren Bewältigung schwerer Lebenskrisen die höchste Achtung verdient:

eine Frau, die ihren an der Alzheimerkrankheit leidenden Ehemann zu Hause pflegt; ein Mann, der nach vierzigjähriger Ehe seine innigst geliebte Frau verliert und einen schönen Band mit ihren Schriften für ihre Familie und ihre Freunde drucken lässt; Großeltern, die ihre verwaisten Enkelkinder bei sich aufnehmen.

Vor allem sollte Alter keine Imitation der Jugend sein. Wer sich jugendliche Idole zum Vorbild nimmt, läuft Gefahr, in Selbstzweifeln zu versinken und Erfolgserlebnisse zu verpassen, die sonst in greifbarer Nähe gewesen wären.

Neue Wege finden

Ältere Menschen gelten manchmal als stur. Viele von ihnen haben diese Ansicht selbst soweit verinnerlicht, dass sie sie als Rechtfertigung dafür verwenden, dass sie nicht bereit sind, ihre Meinung zu ändern. Sie sind Opfer einer Autosuggestion geworden. Ältere Menschen müssen nicht unbedingt weniger flexibel oder weniger offen für neue Ideen sein als junge. Menschen sind in jedem Alter fähig, bestehende Vorurteile abzubauen und neue Strategien zu entwickeln. Die vielfältigen Lebenserfahrungen von älteren Menschen erweitern ihre Möglichkeiten, nach alternativen Antworten auf praktische Lebensfragen zu suchen.

Ursula Staudinger vom Institut für Pädagogik der Technischen Universität Dresden beschreibt zwei Situationen, in denen ältere Menschen ihre Meinung ändern und zu neuen Einsichten gelangen. Die erste dieser Situationen ist der Austausch mit einer vertrauten Person. Die Forschergruppe hat festgestellt, dass der Dialog allein nicht ausreichend ist. Es ist notwendig, dass die betreffenden Personen auch nach dem Dialog die Möglichkeit haben, das aus dem Dialog Gewonnene zu gewichten und zu verarbeiten.

Die zweite Situation („Kontext"), die zu erweiterten Einsichten führt, ist eine, in der ein Mensch verschiedene Perspektiven aktiv erlebt. Die Versuchspersonen in der Testgruppe machten eine imaginäre Reise von Berlin nach Italien, Ägypten und China. An jedem Ort wurden sie gebeten, sich die dort lebenden Menschen genau vorzustellen: Wie sehen sie aus, was essen sie, wie wohnen sie? In einer zweiten Runde mussten die Teilnehmer ein schwieriges Lebensproblem mitnehmen und sich vorstellen, was für Lösungen die Menschen in den verschiedenen Ländern vorschlagen würden. Wenn die Menschen in der Testgruppe ein neues Lebensproblem zu bearbeiten hatten, zeigten sie eine signifikant höhere Perspektivenvielfalt als Menschen in der Kontrollgruppe, die diese Strategie nicht gelernt hatten.

Der Altersforscher Paul B. Baltes spricht von geistiger Plastizität als der Fähigkeit, auf verschiedene Herausforderungen möglichst optimale Lösungen zu finden. Diese Plastizität wirkt sich auf Lebensziele und Lebensinhalte, aber auch auf die persönliche Identität und die Stellung in der Gesellschaft aus. Die Fähigkeit des Gehirns, auf neue Situationen mit der Herstellung von neuen Verbindungen zu reagieren, unterstützt die geistige Beweglichkeit und ist eine Voraussetzung für ein optimiertes Altern.

Probieren geht über Studieren. Ob Sie zögern, einen Kurs über Astronomie zu besuchen oder ob Sie sich mit dem Gedanken an ein Hörgerät nicht anfreunden können – fassen Sie Mut, etwas Neues auszuprobieren. Nutzen Sie die Fortschritte der Technologie. Telefonieren ist billiger geworden. Das Internet bietet, neben einer breiten Palette von Informationsquellen, spezielle Seiten mit wertvollen Angaben für Senioren. Mehr Kontakt mit den Enkelkindern hat man, wenn man lernt, mit einem einfachen E-Mail-Programm umzugehen.

Mit ausreichend Fantasie kann man viele Hindernisse umgehen. Damit der berühmte Pianist Arthur Rubinstein noch im Alter von 89 Jahren Konzerte geben konnte, optimierte er seine durch das Alter bedingten Schwierigkeiten durch drei Strategien: Er konzentrierte sich auf ein kleines Repertoire, was ihm mehr Zeit zum Üben der einzelnen Werke gab. Die schnellen Passagen konnte er nicht mehr so schnell wie früher spielen. Also spielte er die langsamen Passagen noch langsamer als vorgesehen, so dass der Kontrast zwischen den beiden Tempi erhalten blieb.

Im Alter mehren sich die Umstände, die Menschen zwingen, ihren Lebensstil zu ändern und einen „Spurwechsel" vorzunehmen.

Das Einfamilienhaus im Grünen ist plötzlich zu abgelegen, wenn man den Führerschein abgibt. Ein Umzug in die Stadt drängt sich auf. Gebrechlichkeit kann den Umzug in ein Alten- oder Pflegeheim bedeuten. Wichtig ist die Unterstützung von Mitmenschen, die Verständnis dafür haben, dass solche Entscheidungen sehr schmerzhaft sind, die aber auch mithelfen, der unvermeidbaren Situation positive Aspekte abzugewinnen.

Wir sind gewohnt, den Verlust von Sinnesfähigkeiten nur als Defizit anzusehen. Zu einem neuen Blickwinkel gelangt man, wenn man die Erfahrungen von Menschen in Betracht zieht, die von Geburt an taub oder blind sind oder später im Leben mit dem Totalverlust ihres Seh- oder Hörvermögens konfrontiert worden sind. In seinem Aufsatz „Was Blinde sehen“ zitiert der britische Neurologe Oliver Sachs den englischen Theologen John Hull, der auf äußerst sensible und poetische Weise seine Reise in die Dunkelheit beschreibt. Durch seine (vom Grauen Star verursachte) Erblindung wird er zu einem „Ganz-Körper-Seher“. Er richtet seine Aufmerksamkeit auf die anderen Sinne und erlebt, wie sie neuen Reichtum und neue Kraft gewinnen. Das Geräusch des fallenden Regens zaubert ganze Landschaften für ihn hervor, denn der Regen trommelt anders auf den Gartenweg als auf den Rasen, auf die Büsche anders als auf den Zaun. „Der Regen kann die Konturen aller Dinge zum Vorschein bringen. Er wirft eine bunte Decke über zuvor Unsichtbares, aus einer diskontinuierlichen und somit fragmentierten Welt schafft stetig fallender Regen eine Kontinuität akustischer Erfahrung … zeigt mit einem Mal die Fülle einer ganzen Situation auf … verleiht ein Gespür für Perspektive und für die tatsächliche Beziehung zwischen den einzelnen Teilen der Welt.“

Spezielle Begabungen einsetzen

„Ich war nicht der schlechteste Schüler und konnte recht gut schreiben“, erzählt der ehemalige Bauer Fritz Beyeler (Jahrgang 1916) aus Schwarzenburg im Kanton Bern. Nach der Schule aber hat er – abgesehen von gelegentlichen Leser- und anderen Briefen – nicht mehr geschrieben. Erst nach der Pensionierung, im Zusammenhang mit seinen Führungen im Regionalmuseum, begann er seine Erinnerungen an frühere Zeiten auf Spickzettel aufzuschreiben. Seine Söhne rieten ihm dazu, die Texte als Geschichten auszuformulieren. Sie wurden in der Lokalzeitung veröffentlicht und ernteten großen Beifall. Daraufhin hat er sie als Buch veröffentlicht. Der über 80-Jährige ist Schriftsteller geworden.[6]

Jeder Mensch hat individuelle Neigungen und Stärken, auf die man im Alter aufbauen kann. Oft handelt es sich um Aktivitäten, die man schon seit der Jugend gerne und freiwillig ausgeübt hat: Schreiben, Malen, Musizieren, Sport oder soziale Aufgaben. Es ist äußerst wichtig, im Alter persönliche Begabungen weiter zu pflegen. Wir haben die vielfältigen Begabungen, die der amerikanische Erziehungswissenschaftler Howard Gardner als „multiple Intelligenzen" bezeichnet, im Kapitel 2 beschrieben.

Menschen, die Freude am Umgang mit der Sprache haben, könnten beispielsweise ein Kinderbuch für ihre Enkel verfassen oder eine Familienchronik für die weitere Verwandtschaft. Als Geschenk für zukünftige Generationen ist dies von großer Bedeutung. Wie sonst sollten die Jüngeren an einen so persönlichen Bericht aus früheren Zeiten gelangen? Welche andere Möglichkeit hätten sie, zu erfahren, was die Menschen ihrer eigenen Familie in der Vergangenheit bewegt hat? Wie war es damals in der Schule? Wie hat man die Kriegsjahre erlebt? Im besten Fall kann das Wissen darum jüngere Familienmitglieder motivieren, eigene Krisen zu überwinden, aber auch zu versuchen, ihre Ideale in der Welt von Morgen zu verwirklichen.

Menschen, die Freude an körperlicher Bewegung haben, werden soweit wie möglich ihre üblichen sportlichen Aktivitäten weiter ausüben oder auf andere sportliche Aktivitäten ausweichen, wenn körperliche Einschränkungen dies erforderlich machen. Statt Slalom zu fahren, kann man auf Langlaufskiern durch die verschneite Landschaft gleiten. Statt Tennis zu spielen, kann man schwimmen, Golf spielen oder wandern.

---

[6] Der Bund, 1. Dezember 2004.

Viele wissen gar nicht, wie viele Begabungen unter Menschen im Rentenalter zu entdecken sind. Eine Ausstellung, wie sie beispielsweise die Gemeinde Muri bei Bern unter dem Namen „Reife Früchte im Herbst des Lebens“ organisiert, bietet eine gute Gelegenheit, künstlerische Leistungen an die Öffentlichkeit zu bringen. Die Ausstellung soll Besucher erfreuen und ermutigen, auch eigene Begabungen zu pflegen.

Oft entdeckt man erst im Alter Fähigkeiten, von denen man keine Ahnung hatte. In vielen Menschen erwacht die Begeisterung für Malerei zum Beispiel erst in einem Malkurs für Senioren. Der Besuch eines solchen Kurses fördert nicht nur das Erlernen einer neuen Technik, sondern auch Beobachtungsvermögen und Entdeckungsfreude.

Sich engagieren

Warum sind viele Menschen nicht glücklich, obwohl es ihnen körperlich, geistig und finanziell gut geht? Der amerikanische Psychologe Mihaly Csikszentmihalyi weist auf den Unterschied hin zwischen Aktivitäten, die ein vorübergehendes Lustgefühl vermitteln, und solchen, die eine tiefere Befriedigung mit sich bringen. Eine tiefe Befriedigung erleben Menschen am ehesten, wenn sie sich über einen längeren Zeitraum voll engagieren. Man spielt zum Beispiel mit Leidenschaft Geige oder schreibt Märchen für seine Kinder.

Eine zutiefst befriedigende Aktivität kann aber auch die Erfüllung einer sozialen Aufgabe sein. Das Gefühl, Verantwortung zu tragen und „gebraucht“ zu werden, ist ein wichtiger Faktor für ein erfülltes Leben. Eine 2005 vorgestellte EU-Studie „Survey of Health, Ageing and Retirement in Europe“, der eine Befragung von Menschen in elf europäischen Ländern zugrunde liegt, unterstreicht die Bedeutung sozialen Engagements. Von den Menschen über 65 Jahren, die sich als zufrieden bezeichneten, waren doppelt so viele in der Freiwilligenarbeit tätig wie in der Gruppe derjenigen, die mit ihrer Situation unzufrieden waren.

Da das Bruttosozialprodukt nur bezahlte – und keine unbezahlte – Arbeit umfasst, ist vielen Menschen nicht bewusst, wie wichtig die Arbeit von Senioren und Seniorinnen für die Gesellschaft ist. Eine Studie aus den USA zeigt, dass ungefähr die Hälfte der Seniorinnen und Senioren rund vier Stunden pro Woche freiwillig im Dienst der Gemeinschaft tätig ist. Sie erbringen damit eine kollektive Arbeitsleistung, die einem Geldwert von über 200 Milliarden Dollar entspricht. Etwa 70 Prozent der Senioren in der Schweiz engagieren sich als Freiwillige für andere. Der von der Organisation „Senioren helfen Senioren“ (das heißt: organisierte Freiwilligenarbeit von Rentnerinnen und Rentnern zugunsten anderer Rentner außerhalb der eigenen Familie) ehrenamtlich geleistete Arbeitseinsatz entspricht einem Geldwert von mehreren hundert Millionen Franken. Bezogen auf Deutschland entspricht das etwa 500 Milliarden Euro. Hinzu kommt noch die Pflege von kranken und gebrechlichen Angehörigen, die Betreuung von Enkelkindern und Organisationsarbeit in der Kirche oder in der Gemeinde.

Eine Befragung im Auftrag des Bundesministeriums für Familie, Senioren, Frauen und Jugend gibt Auskunft über das ehrenamtliche Engagement von Senioren und Seniorinnen in Deutschland. Das größte Engagement aller Befragten zeigt die Altersgruppe der 50–59-Jährigen mit 38 Prozent sozial Engagierter. Bis zum 70. Lebensjahr engagieren sich 30 Prozent der Senioren. Ab dem 75. Lebensjahr sinkt der Anteil der freiwillig Engagierten auf unter 20 Prozent. Alleinlebende sind deutlich weniger unter den Ehrenamtlichen vertreten als verheiratete Senioren oder Senioren in Mehrpersonenhaushalten. Mit steigendem Bildungsabschluss steigt die Quote des sozialen Engagements: von 21 Prozent bei Senioren mit Hauptschulabschluss auf 42 Prozent der Senioren, die das Abitur gemacht haben. Die Bereitschaft zum ehrenamtlichen Engagement ist in kleinen Kommunen mit unter 20 000 Einwohnern höher als in grösseren Gemeinden. Die Hälfte der Senioren unter 70 Jahren leistet etwa 5 Stunden pro Woche Freiwilligenarbeit.

Oft ist Eigeninitiative gefragt. Eine über 90-jährige Frau in einer Gemeinde nahe Zürich organisiert seit mehr als 40 Jahren sechs „Hausabende“ im Jahr. Sie lädt Musiker, Politiker, Schriftsteller und Wissenschafter zu Konzerten oder Vorträgen in ihre Wohnung ein. Die Vortragsthemen und Vortragenden wählt sie gemäß ihrer eigenen Interessen aus. Menschen in einem weiten Umkreis freuen sich auf die Anlässe und melden sich lange im Voraus an. Nach dem Konzert oder Vortrag wird ein Imbiss serviert und es beginnt eine lebhafte Diskussion.

Den Kontakt zu Mitmenschen suchen und pflegen

> Harry war 80 Jahre alt und lebte allein in seiner Wohnung etwa 30 Kilometer entfernt von uns. Seine Frau war gestorben, seine Kinder lebten im Ausland. Ab und zu rief er aus heiterem Himmel an und sagte, er würde gerne zum Essen kommen oder uns zu einem Kaffee in der Stadt treffen. Seine Besuche waren jedes Mal ein Vergnügen … und wir hatten regelmäßig ein schlechtes Gewissen, weil wir ihn nicht früher zu uns eingeladen hatten.

Harry tat genau das Richtige. Er wusste: Wenn er wartete, bis andere sich bei ihm meldeten, konnte sehr viel Zeit vergehen. In der Regel ist dies keine Frage des guten Willens. Für Menschen, die voll im Berufsleben stehen oder Kinder aufziehen, vergeht die Zeit sehr schnell. In der Hektik des Alltags neigen sie dazu, den Besuch bei Tante Ulrike oder bei betagten Freunden im Seniorenheim aufzuschieben. Dann ist es am besten, selbst die Initiative zu übernehmen.

Schön ist ein bestehender Freundeskreis, auf den man sich verlassen kann. Doch wenn er fehlt, gilt es, neue Kontakte zu suchen. Man kann zum Beispiel die Nachbarn zu einem Gartenfest einladen. Oder man kann den Vorschlag machen, dass die Kursteilnehmer oder Mitglieder der Sportgruppe sich zu einem Kaffee treffen.

Persönliche Kontakte zwischen den Generationen sind eine Bereicherung für Alt und Jung. Kinder haben oft eine besondere Beziehung zu Menschen der Großelterngeneration. Interessant ist, dass Menschen die einzige Spezies sind, bei der Großeltern eine bedeutende Rolle bei der Betreuung von Enkelkindern spielen.

Wenn Sie selbst keine Enkelkinder in der Nähe haben, können Sie sich als „Leih-Oma“ oder „-Opa“ für Kinder engagieren, die weit entfernt von ihren Großeltern wohnen.

Weisheit anstreben

„Lebe ein gutes, ehrliches Leben. Dann, wenn du alt wirst, kannst du zurückschauen und es ein zweites Mal genießen.“

Dalai Lama

Dank ihrer breiten Lebenserfahrungen und ihres hoch vernetzten reifen Gehirns verfügen ältere Menschen über optimale Voraussetzungen für das Erlangen von Weisheit. Doch Weisheit entsteht nicht automatisch mit den Jahren. Sie setzt die Fähigkeit voraus, unzählige Erfahrungen im Hinblick auf die gegenwärtige Situation abzuwägen, aber auch offen zu bleiben für neue Gegebenheiten. Weisheit bedeutet die ständige Auseinandersetzung mit neuen Tatsachen und Umständen.

Weisheit umfasst nicht nur Wissen, sondern auch Gefühle. Verständnis und Einfühlungsvermögen für die Motive und Absichten anderer Menschen sind ein wesentlicher Bestandteil. Interessanterweise werden diejenigen Gebiete des Gehirns, die Wissen und Gefühle verarbeiten, erst in reifen Jahren stärker miteinander vernetzt.

Das Wissen um die Begrenztheit der eigenen Erfahrungen gehört ebenfalls zur Weisheit und ist die Grundlage für Bescheidenheit. Man kann nicht alles wissen. Andere Menschen sehen die Welt aus ihrem eigenen Blickwinkel. Es liegt in der menschlichen Natur, ständig nach Gründen und Erklärungen für das zu suchen, was um uns herum geschieht. Dabei muss man jedoch oft genug anerkennen, dass die vorhandenen Mittel zur Bewältigung der Aufgabe nicht ausreichen. Manche Dinge im Leben bleiben unerklärlich. Von Goethe ist der Ausspruch überliefert: „Das schönste Glück des denkenden Menschen ist, das Erforschliche erforscht zu haben und das Unerforschliche still zu verehren.“

Weisheit ist nicht für Feiertage reserviert. Sie äußert sich ganz alltäglich in der praktischen Anwendung vielseitiger Kenntnisse und in der genauen Beobachtung menschlichen Verhaltens, geleitet von Humor und einer Prise Selbstkritik. Das folgende Gebet, das häufig der heiligen Teresa von Avila (1515–1582) zugeschrieben wird, fasst einige Vorsätze eines älteren, weisen Menschen auf treffende Art zusammen:

Gebet des älter werdenden Menschen

O Gott, du weißt besser als ich, dass ich von Tag zu Tag
älter und eines Tages alt sein werde.
Bewahre mich vor der Einbildung, bei jeder Gelegenheit
und zu jedem Thema etwas sagen zu müssen.

Erlöse mich von der großen Leidenschaft,
die Angelegenheiten anderer ordnen zu wollen.

Lehre mich, nachdenklich, aber nicht grüblerisch,
hilfreich, aber nicht diktatorisch zu sein.

Bei meiner ungeheuren Ansammlung von Weisheit
erscheint es mir ja schade, sie nicht weiterzugeben –
aber du verstehst, o Gott,
dass ich mir ein paar Freundinnen erhalten möchte.

Bewahre mich vor der Aufzählung endloser Einzelheiten
und verleihe mir Schwingen, zur Pointe zu gelangen.
Lehre mich schweigen über meine Krankheiten und
Beschwerden.
Sie nehmen zu – und die Lust, sie zu beschreiben,
wächst von Jahr zu Jahr.

Ich wage nicht, die Gabe zu erflehen,
mir die Krankheitsschilderungen anderer mit Freuden
anzuhören,
aber lehre mich, sie geduldig zu ertragen.

Lehre mich die wunderbare Weisheit, dass ich mich irren kann.

Erhalte mich so liebenswert wie möglich.
Ich möchte keine Heilige sein – mit ihnen lebt es sich so schwer –,
aber eine alte Griesgrämin ist das Krönungswerk des Teufels.

Lehre mich, an anderen Menschen unerwartete Talente zu entdecken
Und verleihe mir, o Gott, die schöne Gabe, sie auch zu erwähnen.

Wenn wir an Menschen denken, die wir für weise halten, kommt uns oft das Wort „Gelassenheit" in den Sinn. Gelassene, weise Menschen sind mit den Widersprüchen des Lebens vertraut und akzeptieren sie. Sie sind im Einklang mit dem, was sie im Leben erreicht haben. Vielleicht ist es dies, was der Dalai Lama im Sinn hat, wenn er vom Rückblick auf das gelebte Leben spricht.

Kapitel 5

Die Herausforderung des hohen Alters

Die Industrienationen der Erde stehen vor einer einmaligen Herausforderung. Als Folge der steigenden Lebenserwartung bei gleichzeitig sinkenden Geburtenzahlen hat sich die Verteilung der Altersgruppen innerhalb der Gesellschaft stark in Richtung der älteren Generationen verschoben. Menschen über 100 gehören zu dem am schnellsten wachsenden Segment der Bevölkerung. Bereits heute leben in Deutschland mehr 65-jährige oder ältere Menschen als 15-jährige und jüngere. Das deutsche Statistische Bundesamt Deutschlands schätzt, dass es 2050 doppelt so viele alte Menschen wie junge geben wird.

Schlagzeilen wie „Die vergreiste Republik" auf der Titelseite des „Stern" am 4. September 2003 oder „Wohin mit Oma?" auf dem „Spiegel" vom 9. Mai 2005 schrecken uns auf: Werden Länder wie Deutschland, Österreich und die Schweiz in Zukunft zu Nationen von Pflegefällen?

Wie bei jedem einzelnen Menschen, der sich zum ersten Mal der Möglichkeit bewusst wird, dass er selbst in die Jahre kommt, die er einst aus der Ferne als „alt" betrachtet hat, dass er sogar gute Aussichten hat, *sehr* alt zu werden, löst auch in der Gesellschaft die Kenntnis der neuen Bevölkerungszahlen große Unsicherheit aus. Noch nie hatte sich eine Gesellschaft mit der Tatsache auseinander zu setzen, dass so viele Menschen ein sehr hohes Alter erreichen können.

Die Situation realistisch einschätzen

Um der Herausforderung der neuen Verteilung der Altersgruppen und der steigenden Bedürfnisse des ältesten Segments der Bevölkerung zu begegnen, muss die Gesellschaft als Ganzes genau das tun, was von jedem individuellen Menschen im Hinblick auf sein eigenes Alter erwartet wird: die Situation realistisch einschätzen, Ressourcen ausloten und Maßnahmen ergreifen, die auf bereits vorhandenen Stärken basieren. Die Voraussetzung dafür ist eine Neuorientierung der Gedanken, Haltungen und Einstellungen in Bezug auf die Möglichkeiten und Einschränkungen des letzten Lebensabschnitts.

Die Einschätzung der Situation beginnt mit der Auseinandersetzung mit den Fakten und ihrer Bedeutung. Eine wichtige Grundlage dafür liefern demographische Untersuchungen, die sich mit der Beschreibung und Aufarbeitung von Daten über Bevölkerungsbewegungen befassen. Die beiden Faktoren, die zur Alterung der modernen Industriegesellschaft beitragen, sind der Geburtenrückgang und die erhöhte Lebenserwartung. Auch Modelle, die zusätzlich die Auswirkungen der Einwanderung berücksichtigen, bestätigen, dass die Alterung der Gesellschaft eine Tatsache ist.

Doch darf die Interpretation dieser Tatsache nicht von kulturpessimistischen Vorstellungen getrübt werden. François Höpflinger, Soziologe an der Universität Zürich, warnt vor einer Überschätzung der direkten Folgen und vor der Vernachlässigung komplexer indirekter Wechselwirkungen. Man müsse die Zahlen aus verschiedenen Perspektiven betrachten. So könne beispielsweise ein hoher Anteil älterer Menschen an der Gesamtbevölkerung als Zeichen von zivilisatorischem Fortschritt gesehen werden. Es müssen differenziertere Methoden ausgearbeitet werden, um die Alterung der Gesellschaft zu messen. Bei Annahme eines fixierten Altersbeginns mit dem Rentenalter von 65 Jahren beispielsweise sehen die Zahlen folgendermaßen aus und suggerieren eine hohe Zunahme der demographischen Alterung:

Zunahme des Anteils älterer Menschen in der Bevölkerung			
	1900	2000	Zunahmefaktor
Frauen	6 %	19 %	3,1 x
Männer	5 %	13 %	2,6 x

Bei Annahme eines dynamischen Altersbeginns jedoch, dem eine verbleibende Lebenswerwartung von 10 Jahren als Basis dient, zeigt die Tabelle eine deutlich geringere Zunahme der Alterung:

Zunahme des Anteils älterer Menschen in der Bevölkerung			
	1900	2000	Zunahmefaktor
Frauen	6 %	8 %	1,3 x
Männer	5 %	8 %	1,6 x

In Zukunft wird es möglich sein, verfeinerte Berechnungen auf Grund der behinderungsfreien Lebenswerwartung zu erstellen.

Die steigende Zahl von Menschen im hohen Alter stellt erhöhte Ansprüche an die Gesellschaft. Veränderungen auf verschiedenen Ebenen sind unmittelbar notwendig: im persönlichen Bereich, in der Arbeitswelt, in der Bildungspolitik, in der Altenfürsorge, in der Forschung. Dabei sollte das Ziel nicht in erster Linie darin bestehen, die Lebenserwartung zu erhöhen, sondern darin, die „Gesundheitserwartung" zu verlängern.

Bei allen Überlegungen dürfen nicht ausschließlich die problematischen Aspekte der neuen Situation, die uns erwartet, im Vordergrund stehen. Wenn wir die positiven Aspekte und Chancen, die eine 5-Generationen-Gesellschaft bietet, einfach ausblenden, werden wir uns mit der Suche nach Lösungen schwer tun.

Die Lebenserwartung nimmt zu

Ein untrügliches Zeichen für die gestiegene Lebenserwartung ist das Vorhandensein von Geburtstagskarten für 100-Jährige in den Verkaufsregalen der Schreibwarengeschäfte. Es ist eine Tatsache, dass immer mehr Menschen sich dem biblischen Alter von 120 Jahren nähern. Und dies nicht, weil die menschliche Lebensspanne länger wird, sondern weil die Ursachen, die zu einem „verfrühten" Tod führen, in den Industrieländern an Bedeutung verloren haben. Fortschritte in der Hygiene und in der Bekämpfung von Infektionskrankheiten, bessere Ernährung und ein gestiegenes Gesundheitsbewusstsein, neue diagnostische Verfahren und verbesserte chirurgische Techniken haben dazu beigetragen. Diese Fortschritte spiegeln sich im Anstieg der Lebenserwartung wider, der schon 1865 einsetzte, zwischen 1865 und 1980 rasant zunahm und sich seit 1980 verlangsamt fortsetzt.

Umweltfaktoren können innerhalb einer relativ kurzen Periode einen großen Einfluss auf die Lebenserwartung ausüben. Vor der „Wende" war die Lebenserwartung für Frauen der Jahrgänge 1895–1910 in Ostdeutschland zwei Jahre geringer als in der Bundesrepublik. Vierzehn Jahre später haben die ostdeutschen Frauen aufgeholt. Dass die Lebenserwartung stetig höher wird, ist nicht selbstverständlich. Die steigende Zahl von Jugendlichen mit Übergewicht und die zu erwartende Zunahme von Altersdiabetes, bedingt durch Überernährung und Bewegungsarmut, gibt zu denken und könnte im Extremfall dazu führen, dass die Lebenserwartung sich in zukünftigen Generationen auch wieder verrringert.

Gebrechlichkeit

Häufig behaupten Menschen, dass sie auf keinen Fall 100 Jahre alt werden möchten, hauptsächlich, weil sie zunehmende Gebrechlichkeit und den Verlust ihrer Selbstständigkeit fürchten. Mit „Gebrechlichkeit" wird ein Zustand bezeichnet, der an sich keine Krankheit darstellt. Gebrechliche Menschen können jedoch die für die Bewältigung des normalen Alltags notwendigen Ressourcen nicht mobilisieren. Gebrechlichkeit ist gekennzeichnet durch eine Abnahme der Muskelkraft und eine verminderte Widerstandskraft gegen Infektionen. Die Gefahr eines Unfalls ist erhöht, und wenn er sich ereignet hat, erholen die Betroffenen sich nur schlecht von den Folgen (etwa nach einem Sturz). Ein gebrechlicher Mensch muss seine mentalen Kräfte in einem unverhältnismäßigen Ausmaß für die Aufrechterhaltung der alltäglichen Mobilität einsetzen.

Interessant ist der Zusammenhang zwischen Gebrechlichkeit und Grundstimmung. Forscher haben festgestellt, dass Menschen mit positiver Lebenseinstellung ein signifikant geringeres Risiko für Gebrechlichkeit haben als Pessimisten, wobei die positive Grundstimmung allerdings zum Teil auch auf ihren guten Gesundheitszustand zurückzuführen ist.

Verschiedene Faktoren, die nicht schicksalhaft sind – und damit beeinflussbar –, können zu Gebrechlichkeit führen. Sehr viele Menschen im hohen Alter bewegen sich zu wenig. Dies begünstigt den Muskelschwund, der ab dem 45. Lebensjahr allmählich beginnt und bis zu 50 Prozent im Alter von 90 Jahren erreichen kann. Sehr alte Menschen entwickeln oft eine solche Angst vor Stürzen, dass sie sich kaum mehr bewegen und eine steife Haltung einnehmen, was die Sturzgefahr noch erhöht. Untersuchungen haben gezeigt, dass die Muskelkraft bis ins hohe Alter durch Training verbessert werden kann. Darüber hinaus ist auf gute Ernährung zu achten. Die mediterrane Ernährungsweise, wie sie im südlichen Europa praktiziert wird, kann als Vorbild dienen. Unterernährung und Gewichtsabnahme sollten unbedingt vermieden werden.

Altersbedingte Veränderungen des Hormonhaushaltes und die Bedeutung von Entzündungsprozessen im Alter werden derzeit untersucht und es ist zu erwarten, dass viele Forschungsergebnisse auf diesen Gebieten in der Zukunft praktische Konsequenzen haben werden.

Obwohl viele Menschen im hohen Alter Symptome der Gebrechlichkeit zeigen, beinhaltet die letzte Lebensphase, wie H.W. Wahl und Ch. Rott vom Deutschen Zentrum für Alternsforschung an der Universität Heidelberg betonen, „weiterhin Möglichkeiten der Autonomie und der aktiven Lebensgestaltung“.

Pflegebedürftigkeit

Die Zahlen, die zur so genannten „Pflegebedürftigkeit“ angeführt werden, führen häufig zu Unsicherheit, weil dieser Begriff sehr verschiedene Zustände mit entsprechend unterschiedlichen Hilfeleistungen umfasst. Bei der deutschen Pflegeversicherung werden drei Pflegestufen unterschieden: Pflegestufe 1: „Erheblich Pflegebedürftige“: Personen, die ein bis zweimal im Tag Hilfe bei der Körperpflege, der Ernährung oder der Fähigkeit, sich zu bewegen, benötigen, Pflegestufe 2: „Schwerpflegebedürftige“: Personen, die bei der Körperpflege, der Ernährung oder der Mobilität mindestens dreimal täglich Hilfe benötigen, Pflegestufe 3: „Schwerstpflegebedürftige“: Personen, die rund um die Uhr der Hilfe bedürfen.

Die Wahrscheinlichkeit, Hilfe in Anspruch nehmen zu müssen, nimmt mit dem Alter zu. Nur 2,1 Prozent der Menschen im Alter von 60–69 Jahren werden insgesamt als pflegebedürftig eingestuft, während mehr als die Hälfte der über 90-Jährigen in diese Kategorie fallen. Bis zum Alter von 80 Jahren dominiert die Pflegestufe 1; bei den über 80-jährigen Personen wird die Pflegestufe 2 gewichtiger.

Es lohnt sich, frühzeitig Information über die bestehenden Möglichkeiten und Einrichtungen einzuholen. Diese reichen von der spontanen Nachbarschaftshilfe über medizinische Hausbesuche, Tageszentren für Alzheimerpatienten bis hin zu Seniorenheimen und Pflegeheimen.

Als positiv zu werten ist die Tatsache, dass die Zahl der pflegebedürftigen Menschen nicht im gleichen Maß zunimmt wie die Lebenserwartung. Eine Langzeitstudie, die 1990 in den USA publiziert wurde, zeigte eine beschleunigte relative Abnahme der Behinderungen im Alter, auch für Menschen über 85. Das heißt, dass die Zahl der pflegebedürftigen Menschen im hohen Alter zwar zunimmt (wegen der erhöhten Lebenserwartung), dies aber weniger schnell als man annehmen müsste. Studien belegen, dass 65-jährige Frauen und Männer heute durchschnittlich fast 80 Prozent ihrer restlichen Lebenszeit ohne wesentliche Behinderungen verbringen werden. Viele der 100-jährigen Frauen und Männer können ihren Alltag selbstständig bewältigen.

Zwischen 1992 und 1999 hat in den USA die Zahl der in Pflegeheimen lebenden Menschen um 22 Prozent abgenommen. Gründe dafür sind der bessere Gesundheitszustand und die wirksamere

Versorgung zu Hause durch medizinische Hilfeorganisationen. Studien in der Schweiz haben gezeigt, dass geriatrische Hausbesuche die Einweisung ins Pflegeheim um einige Jahre hinauszögern können. Grund für die Einweisung in eine Pflegeabteilung ist häufiger ein Verlust der Mobilität als ein Abbau der geistigen Fähigkeiten.

Obwohl die Möglichkeiten der Hilfeleistung zu Hause stetig ausgebaut werden, beschließen manche ältere Menschen, in ein Seniorenheim einzuziehen, weil dort meist rund um die Uhr medizinisches Fachpersonal zur Verfügung steht und sie Wohnungen vorfinden, die gemäß ihren Bedürfnissen eingerichtet sind. Für schwer pflegebedürftige Menschen muss meist ein Platz in einem Pflegeheim gesucht werden.

Für die innere Organisation von Alten- und Pflegeheimen wurden neue ethische Richtlinien entwickelt, welche der Würde, der Autonomie und der individuellen Entscheidungsfähigkeit der Bewohner vermehrt Bedeutung schenken. Die Beurteilung der Urteilsfähigkeit eines Patienten in der Pflegeabteilung muss transparent sein. Kriterien sind die folgenden Fähigkeiten: Der betreffende Mensch muss:

1) die Information in Bezug auf die zu fällende Entscheidung verstehen,
2) die Situation und die Konsequenzen, die sich aus anderen zur Verfügung stehenden Möglichkeiten ergeben, richtig abwägen,
3) erhaltene Information rational gewichten können und
4) die eigene Wahl zu geplanten Maßnahmen einbringen können.

Wenn diese Kriterien nicht erfüllt sind, müssen die betreffenden Entscheidungen in Zusammenarbeit mit den Angehörigen getroffen werden.

Das Recht auf Würde, Respekt und Achtung findet Ausdruck in dem Grundsatz, dass Menschen mit unterschiedlichsten Charaktereigenschaften, Fähigkeiten und Krankheitsbildern das gleiche Anrecht auf Wertschätzung und auf eine den Umständen entsprechende optimale Lebensqualität erhalten. Soweit wie körperlich und psychisch möglich, sollten Menschen im Alten- oder Pflegeheim Verantwortung für sich selbst tragen und am gemeinschaftlichen Leben teilnehmen. Von den Angehörigen wird erwartet, dass sie bei der Pflege oder Förderung der Heimbewohner mithelfen und den Kontakt durch Besuche, Briefe und Telefonanrufe aufrechterhalten. Gelegentlich haben Angehörige den Eindruck, dass die Heimbewohner(-innen) gar nichts wahrnehmen, weil sie nicht wie erwartet auf die ihnen gewidmete Aufmerksamkeit reagieren. Doch kann es sein, dass sie die Nähe eines geliebten Menschen sehr wohl spüren und wertschätzen, aber nicht in der Lage sind, sich entsprechend auszudrücken.

In Bezug auf Beistand und Hilfe für Sterbende besteht erhöhter Handlungsbedarf. Das Angebot an palliativer Versorgung, ob im Pflegeheim oder zu Hause, muss ausgebaut werden. Angehörige, die sterbende Menschen zu Hause pflegen, brauchen Unterstützung und vermehrte Information. Schmerzen, Depressionen und Ängste können mit einfühlsamen Gesprächen und wirksamen Mitteln behandelt werden.

Demenz

Mitte des letzten Jahrhunderts nahm man an, dass mit einigen Ausnahmen das hohe Alter unweigerlich mit einer Form von Demenz verbunden ist und dass die gewonnenen Lebensjahre lediglich eine verlängerte Leidensphase bedeuteten. Der Begriff „Demenz“ umfasst einen zunehmenden Verlust geistiger Fähigkeiten, der einhergeht mit einem gravierenden Gedächtnisschwund, Desorientierung und Abbau der Urteilskraft. Demenz führt zur sozialen Isolation und zum Abbau der gesamten Persönlichkeit.

Heutige Zahlen belegen, dass etwa 40 bis 50 Prozent der Menschen über 85 Jahre von einem der verschiedenen Stadien der Demenz betroffen sind. Etwa 50 Prozent von ihnen leiden unter der Alzheimerkrankheit. Weitere 25 Prozent zeigen eine Kombination der Alzheimerkrankheit mit Gehirn-Arteriosklerose. Zwanzig Prozent der Fälle sind ausschließlich auf Gehirn-Arteriosklerose zurückzuführen und 5 Prozent auf verschiedene Ursachen (zum Beispiel Nieren-/Leber-/Schilddrüsen-Erkrankungen, Alkoholismus, Vitamin B^{12}-Mangel, Tumore).

Wir wissen heute, dass Demenz nicht Bestandteil des üblichen Alterns ist, sondern Symptom einer Erkrankung. Die Tatsache, dass mehr als die Hälfte der Menschen über 85 Jahren nicht dement ist, erhöht die Motivation, nach den Ursachen der Demenz zu suchen und neue und wirksame Methoden der Prävention und Therapie zu entwickeln.

Ressourcen ausloten und einsetzen

Die Suche nach Möglichkeiten, um der Problematik des hohen Alters zu begegnen, verlangt ein Umdenken von Mensch und Gesellschaft. Es geht einerseits darum, die individuellen körperlichen und geistigen Stärken von älteren Menschen einzubeziehen, andererseits aber auch darum, die Kräfte und Möglichkeiten der Gesellschaft zu nutzen.

Vieles ist möglich – auch im hohen Alter

Eine Bekannte, die kürzlich ihren 80. Geburtstag gefeiert hat, sagte mir schmunzelnd, das Wunderbare am neuen Lebensabschnitt sei das Staunen der jüngeren Leute über Leistungen, die für sie selbstverständlich sind. Sie komme sich manchmal vor wie ein kleines Kind, das für seine Zeichnung gelobt wird: „Schön hast Du das gemacht. Mach' weiter so." Viele jüngere Menschen können sich kaum vorstellen, dass Menschen im hohen Alter in der Lage sind, ein eigenständiges Leben zu führen und schöpferische Leistungen zu vollbringen.

Vor einem Monat brachte die in Bern erscheinende Zeitung *„Der Bund"* zwei Interviews mit Menschen, die gerade ihren hundertsten Geburtstag gefeiert hatten. Georges Pellaton war soeben von einer dreistündigen Wanderung zurück. Er erzählte, dass er seit 25 Jahren gut allein zurechtkommt. Die regelmäßige Einkaufstour ins Dorf betrachtet er als Trainingsstrecke. Seine täglichen Aktivitäten sind Holzhacken, Gartenarbeit, Waschen und Kochen.

Er führt ein Tagebuch und liest mit Hilfe einer Lupe Zeitung. Die Musiklehrerin Dora Bichhausen, die ebenfalls vor kurzem 100 Jahre alt wurde, unterrichtet noch einige Schülerinnen und Schüler. Sie geht ihnen mit gutem Beispiel voran, indem sie drei bis vier Stunden pro Tag am Flügel übt: „Das muss man, wenn man weiterkommen will." Ihr Buch über Musik-Elementartheorie hat sie mit 91 Jahren herausgegeben. Sie trainiert täglich mit speziellen Übungen ihre Hände, um die Beweglichkeit ihrer Finger zu erhalten.

Die Bekanntschaft mit solch aktiven Menschen im hohen Alter – und es werden immer mehr von ihnen unter uns sein – kann Menschen Mut machen, die kurz vor dem Eintritt in diese Lebensphase stehen. Bei Jüngeren können solche Beispiele zu einem besseren Verständnis der Anliegen älterer Menschen und zu einem positiveren Bild vom Leben im Alter führen.

Die inneren Stärken älterer Menschen

Jedes Mal, wenn ich meinen über 80-jährigen Freund, einen ehemaligen Käser in einem schmucken Dorf außerhalb Berns, traf, gab er die gleiche Antwort auf meine immer gleiche Frage „Wie geht's?": „Es muss", sagte er mit einem Lächeln. Ich wusste von seinen Herzproblemen und seiner schmerzhaften Arthrose. Doch hätte ich ihn präziser gefragt, ob er sich wohl fühlt, hätte er bestimmt ja gesagt. In Bezug auf Wohlbefinden im hohen Alter existiert anscheinend ein Paradox: Die Mobilität ist eingeschränkt, gesundheitliche Probleme treten auf, die Genesung nach akuten Erkrankungen dauert länger. Man muss sich von lieben Freunden und alten Gewohnheiten trennen. Trotzdem geben viele Menschen im hohen Alter an, dass sie sich psychisch wohl fühlen. Psychologen versuchen, dieses Phänomen zu verstehen. Ist der Mensch mit der Fähigkeit ausgestattet, negative Ereignisse so zu verarbeiten, dass sie ihm weniger gravierend erscheinen? Ein solches „psychisches Regulativ" würde ihm ermöglichen, das Leben bis ins hohe Alter erfüllt und sinnvoll zu gestalten. Wenn es gelingt, dieses Phänomen und seine individuelle Ausprägung bei verschiedenen

Menschen besser zu verstehen, wäre es möglich, innere Stärke (Resilienz[7]) noch gezielter und effizienter zu fördern.

Die Berliner Altersstudie, eine multidisziplinäre Langzeituntersuchung von Menschen im Alter von 70 bis über 100 Jahren im ehemaligen Westteil Berlins, liefert wertvolle Erkenntnisse über die geistige und körperliche Gesundheit sowie die soziale und ökonomische Situation von Menschen im Alter. Bisherige Ergebnisse zeigen, dass die meisten Betagten und Hochbetagten ihre zunehmenden Behinderungen und Verluste erfolgreich verarbeiten. Das subjektive Wohlbefinden der Befragten veränderte sich mit zunehmendem Alter (von 70 bis 90) kaum, und zwar trotz einer zunehmenden Anzahl von Erkrankungen, abnehmender Sinnesfunktionen, eingeschränkter Mobilität und einer geringer werdenden Anzahl von Angehörigen und Freunden. Die Menschen äußerten sich nicht unzufriedener mit der Gegenwart, Vergangenheit oder Zukunft als in früheren Jahren und fühlten sich im Allgemeinen wohl.

Interessant ist die Zunahme der positiven Beurteilung des Gesundheitszustandes im letzten Viertel des 20. Jahrhunderts. In einer Studie des Schweizerischen Nationalfonds wurden Menschen in zwei Altersgruppen gebeten, sich zu der Feststellung, „Mein Gesundheitszustand ist zufriedenstellend bis gut“ entweder mit „zutreffend“ oder „nicht zutreffend“ zu äußern. Im Jahre 1979 antworteten 81 Prozent der 65- bis 74-Jährigen und 78 Prozent der über 80-Jährigen mit „zutreffend.“ Im Jahre 1994 stiegen die Zahlen auf 92 Prozent für die erste Gruppe und auf 86 Prozent für die zweite.

Weil ein Mensch sich im Verlauf seines Lebens durch ein hochindividuelles Zusammenwirken von Vererbung, Aktivität und persönlichen Erlebnissen entwickelt, ist die Individualität im Alter ausgeprägt. Dabei bleiben Eigenschaften des Temperaments, wie

---

[7] Der ursprünglich aus der Naturwissenschaft stammende Begriff „Resilienz“ bezeichnet in der Psychologie die Fähigkeit eines Menschen, Lebenskrisen wie etwa schwere Krankheiten, den Verlust eines nahe stehenden Menschen o. ä. ohne anhaltende Beeinträchtigung durchzustehen.

zum Beispiel Optimismus, Extravertiertheit oder Ausdauer, stabiler als Attribute des Charakters wie Großzügigkeit, Hilfsbereitschaft oder Spiritualität.

Viele Menschen zeigen ihre Fantasie und geistige Beweglichkeit, indem sie neue Hobbys aufnehmen oder Interessen verfolgen, die im Einklang mit ihren veränderten Sinnesfähigkeiten und Körperkräften stehen. Eine Person, die früher mit Genuss im Garten gearbeitet hat, kann auch im Rollstuhl einen Fenstergarten oder Topfpflanzen in der Wohnung pflegen. Bei nachlassendem Sehvermögen ersetzen Hörspiele oder Hörbücher die Freude am Lesen. Viele Menschen verfolgen das Alltagsgeschehen mit lebhaftem Interesse, sei es über Radio, Fernsehen, Zeitungslektüre oder durch persönliche Gespräche.

Hochbetagte Menschen werden oft – und heutzutage immer häufiger – in Zeitungsinterviews nach dem Geheimnis ihres langen Lebens gefragt. Neben Empfehlungen wie „Vitamine nehmen“, „Rohe Zwiebeln essen“, „Ein Gläschen Rotwein pro Tag“, oder auch „Gar keinen Alkohol trinken“, tauchen in den Antworten auch Lebenshaltungen auf wie etwa „Zufriedenheit“, „Dankbarkeit“ und „Freude“. Oft sprechen die Befragten ganz unbefangen über das Lebensende. Anna Ringier, die mit 109 Jahren die älteste Schweizerin ist, sagte kürzlich: „Der Tod macht mir keine Angst, es ist ja Zeit.“

Positive Entwicklungen in Medizin und Forschung

Zeitschriften berichten heute über medizinische Erfolge, die noch vor zwei Jahrzehnten undenkbar waren. Eine Patientin wird mit 96 Jahren wegen Brustkrebs operiert: Noch sieben Jahre später ist sie gesund. Ich staunte auch nicht schlecht, als mir ein Kollege berichtete, er habe einer 103-jährigen Frau ein neues Hüftgelenk eingepflanzt. Er bestätigte, dass ihr allgemeiner Gesundheitszustand, ihre Motivation und der Wille, die nötigen anschließenden physiotherapeutischen Maßnahmen durchzuziehen, für die Operation sprachen. Auch fünf Jahre später war sie dankbar für die Verbesserung ihrer Lebensqualität.

Fortschritte in der Anästhesie und Chirurgie haben wesentlich dazu beigetragen, dass solche Operationen auch im hohen Alter möglich sind. Doch es ist auch eine Tatsache, dass viele ältere Menschen über gute körperliche und geistige Reserven verfügen. Heute spricht die Gerontologie (Alternsforschung) von 60 bis 80 Jahren als „jungem Alter", einer Periode, in der sehr viele Menschen leistungsfähig und unternehmungslustig sind. Früher hätte man diese Zeit als Greisenalter bezeichnet. Die heutigen Bezeichnungen von 80 bis 100 Jahren als „hohes Alter" und der Jahre über 100 als „sehr hohes Alter" spiegeln die verlängerte Lebenserwartung wider.

Der bessere Gesundheitszustand von alten Menschen heute, verglichen mit früher, basiert auf besseren Umweltbedingungen, einer besseren medizinischen Versorgung und veränderten Lebensansichten. Wirksame Maßnahmen halten hohen Blutdruck und Altersdiabetes unter Kontrolle. Medikamente gegen Tuberkulose und Lungenentzündungen sind entwickelt worden. Die Wohnverhältnisse sind besser. Maschinen haben viele Arbeiten übernommen, die dem menschlichen Körper im Zuge der Berufstätigkeit einiges abverlangten. Die Bedingungen am Arbeitsplatz sind gesünder und sicherer, regelmäßiger Jahresurlaub und die Reduktion von Arbeitsstunden bedeuten Zeit zur Erholung und Entspannung. Der weit verbreitete Fatalismus von früher weicht langsam einem positiveren Gesundheitsbewusstsein. Gebrechen und Krankheiten werden nicht als unausweichlich hingenommen, sondern es werden Maßnahmen ergriffen, um den Gesundheitszustand zu verbessern.

Viele Senioren und Seniorinnen sind sich heute der Bedeutung von Fitness bewusst und versuchen, mehr körperliche Aktivität in ihren Alltag einzubauen. Sie lernen Nordic Walking, probieren Wassergymnastik aus, besuchen Tai-Chi-Gruppen. Nicht alle gehen so weit wie die in Kapitel 4 erwähnte 95-jährige Frau, die in einem Zeitungsinterview äußerte, sie gehe dreimal pro Woche ins Fitness-Center.

Im Kapitel 3 war zu lesen, dass die Anzahl der Schlaganfälle bei Menschen über 75 Jahren abgenommen hat und dass das

Risiko für eine durch Schlaganfall verursachte Behinderung gesenkt werden konnte. Mögliche Gründe für diesen Fortschritt sind bessere Präventionsstrategien, bessere diagnostische und therapeutische Maßnahmen, aber auch ein erhöhtes Gesundheitsbewusstsein und eine besser informierte Bevölkerung. Die Nonnenstudie hat den Zusammenhang zwischen der Anzahl Narben, die von Streifungen hinterlassenen wurden, und dem Schweregrad der Alzheimerkrankheit gezeigt. Obwohl die genauen Ursachen dieser Krankheit noch nicht bekannt sind, kann die Vorbeugung von Hirnschlägen und Streifungen ihren Verlauf beeinflussen.

Ergebnisse der Hirnforschung

Die Feststellung des erfahrenen holländischen Hirnforschers H. B. M. Uylings lässt aufhorchen: „Die Situation in Bezug auf das Gehirn im hohen Alter sieht weniger düster aus als vor 30 Jahren." Wir wissen, dass die verschiedenen Teile des Nervensystems unterschiedlich von Alterungsprozessen betroffen sind und dass diese Prozesse bei verschiedenen Menschen einen individuellen Verlauf zeigen.

Weil nicht alle Hirnregionen von altersbedingten Abbauprozessen gleich betroffen sind, besteht die Möglichkeit, dass weniger betroffene Hirnregionen durch spezifische Interventionen angeregt werden können, um die Funktionen der stark betroffenen Gebiete zu übernehmen. Diese Plastizität des menschlichen Gehirns ist im hohen Alter herabgesetzt, aber durchaus noch vorhanden. Forscher arbeiten an Methoden, um Nervenzellwachstum zu stimulieren und die Chancen für eine Rehabilitation im hohen Alter zu verbessern.

Früher herrschte die Meinung, dass bis ins hohe Alter eine massive Abnahme der Nervenzellen stattfinde, mit einem zusätzlichen starken Abbau der Verästelungen der verbleibenden Neuronen. Neue Forschungsergebnisse zeigen, dass die Gesamtzahl der Nervenzellen beim gesunden Altern nur etwa um 10 Prozent abnimmt – eine geringe Zahl, verglichen mit der Anzahl noch verbleibender Zellen. Die Tatsache, dass 90 Prozent der Nervenzellen noch vorhanden sind, bedeutet, dass das Potential besteht, die

Nervenzellen und das Netzwerk zu stimulieren. Gliazellen, die die Nervenzellen mit Sauerstoff und Nährstoffen versorgen und damit am Leben erhalten, bleiben aktiv und nehmen bei Personen, die keine Zeichen vom mentalen Abbau zeigen, selbst im hohen Alter noch zu.

Eine bedeutungsvolle Entdeckung der letzten Jahre war die Feststellung, dass Vorstufen von Nervenzellen (Stammzellen) in einigen Arealen des Erwachsenengehirns noch vorhanden sind. Bisher hatte man angenommen, dass fast alle Nervenzellen ihre endgültige Form noch vor der Geburt erreichen. Wenn Stammzellen angeregt werden könnten, sich zu reifen Nervenzellen auszubilden, könnten sie in Zukunft eine wertvolle Ressource darstellen. Forscher versuchen gegenwärtig herauszufinden, ob Stammzellen eine Rolle in Rehabilitationsprozessen spielen und wie ggf. ihr Potential genutzt werden kann.

Auch die Kontakte (Synapsen) zwischen den Nervenzellen sind weniger von altersbedingten Abbauprozessen betroffen, als man früher gedacht hat. Forscher haben zum Beispiel festgestellt, dass die Synapsendichte in den vorderen Regionen des Stirnhirns bei gesunden Menschen im Alter von 65 bis 89 Jahren kaum abnimmt. Es sind krankhafte Prozesse, die für eine starke Abnahme von Synapsen verantwortlich sind. Im gesunden sehr hohen Alter behält das Gehirn eine gewisse kognitive Plastizität und es ist wahrscheinlich, dass noch neue Synapsen gebildet werden können. Allerdings spielen dabei individuelle biologische Unterschiede eine gewichtige Rolle.

Die chemischen Botenstoffe (Neurotransmitter), die so wichtig für die Weiterleitung von Impulsen sind, werden im hohen Alter im geringeren Maße ausgeschüttet. Ein möglicher Grund dafür wäre das Absterben der Nervenzellen, die diese Stoffe, zum Beispiel, Dopamin, produzieren. Dopamin ist wichtig für Funktionen wie Aufmerksamkeit, das Arbeitsgedächtnis und die Verknüpfung von Wissen und Belohnung. Neue Forschungsergebnisse weisen jedoch darauf hin, dass die betreffenden Zellen noch bis zum Alter von 101 Jahren vorhanden sind, aber ihre Fähigkeit verlieren, Neurotransmitter, herzustellen. In diesem Fall besteht die Möglichkeit, diese Nervenzellen zu stimulieren, damit sie erneut Neurotransmitter produzieren.

Demenzforschung

Die Demenzforschung hat in den letzten Jahren große Fortschritte erzielt. Vor 15 Jahren waren keine Gene bekannt, die als Ursache von Demenzerkrankungen in Frage kamen, vor zwölf Jahren gab es kein Tiermodell, an dem die biologischen Mechanismen der Krankheit studiert werden konnten. Vor fünf Jahren gab es weder klinische Versuche mit Vorbeugungsmaßnahmen noch Möglichkeiten, Menschen mit erhöhtem Risiko für eine Demenz zu identifizieren.

Heute kennen wir einige der Gene, die eine Rolle bei der Alzheimerkrankheit spielen. Wir beginnen die Prozesse zu verstehen, die zur Bildung der abnormen Eiweiße führen. Wir wissen, dass Synapsen und Nervenzellen im Hippocampus and anderen Hirnregionen schon in den frühen Stadien der Krankheit betroffen sind. Es wurden verschiedene Präparate entwickelt, um die Symptome der Alzheimerkrankheit zu mildern oder aufzuhalten.

Vierhundert an Alzheimer erkrankte Patienten nahmen an einer klinischen Studie zu einer Impfung gegen die Krankheit teil. Die Studie musste abgebrochen werden, weil 18 Patienten an einer Hirnentzündung erkrankten. Die geimpften Patienten profitierten deutlich von der Impfung: Geistige Leistungen und Orientierungsvermögen nahmen zu oder haben sich zumindest nicht verschlechtert. Es wird weitergeforscht, um sichere und wirksame Mittel zu finden. Die Resultate der Alzheimerforschung können auch Patienten mit anderen Hirnkrankheiten helfen.

Mit Hilfe von modernen bildgebenden Methoden wie fMRI (funktionelle Magnetresonanztomographie) wird untersucht, welche Strukturen im Gehirn speziell bei Störungen betroffen sind. Es ist zum Beispiel bei Gedächtnisstörungen wichtig, zu unterscheiden, ob die Einspeicherung oder das Abrufen einer gespeicherten Erinnerung gestört ist. Mittels fMRI kann beobachtet werden, welche Strukturen im Gehirn bei den beiden Prozessen jeweils besonders aktiv sind. Das Ziel solcher Untersuchungen ist, Ursachen der Störung festzustellen und sie in bestimmten Gehirnbereichen zu lokalisieren, damit gezielte Maßnahmen eingeleitet werden können und die Wirkung der Therapie direkt an Ort und Stelle kontrolliert werden kann.

Obwohl Medizin und Gesundheitsförderung große Fortschritte gemacht haben, sind noch viele Fragen offen und es braucht meist Jahre, bis wissenschaftliche Erkenntnisse in der Prävention und Therapie eingesetzt werden können.

Das Leben gestalten – auch im hohen Alter

Früher war die Ansicht verbreitet, dass, abgesehen von wenigen Individuen, die bis ins hohe Alter hervorragende Leistungen erbringen, viele Menschen jenseits von 80 Jahren ihr Leben in einem vorwiegend passiven Zustand verbringen. Praxis und Forschung haben aber gezeigt, dass geistige und körperliche Aktivität auch im hohen Alter die Lebensqualität deutlich verbessern können. Auch weiß man heute, dass sowohl eigene Erwartungen in Bezug auf persönliche Fähigkeiten wie auch Rückmeldungen darüber von anderen Menschen eine große Rolle spielen. Es geht darum, trotz nachlassender Kräfte und gewisser Einschränkungen ein möglichst optimales Wohlbefinden zu erreichen und die Lebensfreude zu erhalten. Von besonderer Bedeutung sind die Förderung der Mobilität und die Anpassung an verminderte Sinnesleistungen. Die Motorik kann trainiert werden. In einem Programm, in dem 79- bis 92-jährige Personen in einem „Fitness-Zentrum zu Hause“ mit Hanteln, Fußmanschetten, Handtüchern und Luftballons übten, konnte die Zahl von Stürzen und Knochenbrüchen um 21 Prozent und die der Krankenhauseinweisungen um 20 Prozent gesenkt werden.

Das Interesse am Tagesgeschehen kann durch Gespräche und Diskussionen gefördert werden. Menschen müssen auch und gerade im Alter die Gelegenheit haben, ihre Meinung zu äußern und sich mit den Standpunkten anderer Menschen auseinander zu setzen.

Wichtig ist auch die Gelegenheit, im Alltag eigene Entscheidungen zu treffen und den Tag so weit wie möglich selbstständig zu meistern. Verantwortung für sich selbst, für einen anderen Menschen oder für ein Haustier stärkt das Empfinden der eigenen Leistungsfähigkeit.

Natürlich ist dabei auf individuelle Begabungen oder Vorlieben zu achten. Ob Sie nun lieber Rätsel lösen oder mit Freunden Karten spielen – bleiben Sie dabei. Das Mitwirken in einer Sing- oder Wandergruppe ist für viele Menschen eine Quelle der Lebensfreude. Berücksichtigen Sie Ihr Temperament, Ihren Charakter und die Werte und Erfahrungen, die Ihnen im Verlauf Ihres Lebens wichtig geworden sind.

Ihre Hoffnungen, Zweifel und Ängste sollten Sie in einer Atmosphäre des gegenseitigen Vertrauens offen diskutieren. Die neueren Erkenntnisse der Fachleute können in einem Satz zusammengefasst werden: Die beste Vorbeugung gegen körperlichen und geistigen Abbau im hohen Alter ist körperliche, geistige und soziale Aktivität, die Sinn stiftet und Freude bringt.

Auch Menschen, die einen starken geistigen Abbau zeigen, können manchmal durch auf ihre Persönlichkeit und individuellen Kräfte abgestimmte Sinneserfahrungen angesprochen werden, damit sie Freude empfinden. Positive Ergebnisse hat ein Programm erbracht, bei dem Alzheimerpatienten in die Gartenarbeit einbezogen wurden. Die Gegenwart eines Haustiers kann ebenfalls das Leben bereichern. Wichtig ist es, festzustellen, auf welchem „Sinneskanal" eine Person am besten zu erreichen ist. Wenn farbige Bilder oder der Blick auf das bunte Treiben der Kinder im Park kein Interesse erwecken, lässt sich vielleicht mit Hilfe von Musik oder einer vertrauten Stimme ein Zugang finden. Viele Personen empfinden sanftes Streicheln über Kopf und Arme, einen Händedruck oder eine liebevolle Umarmung als besonders beruhigend. Es kann aber auch sein, dass alte oder sehr alte Menschen gegen Ende ihres Lebens immer „müder" werden und sich leise in ihre eigene Welt zurückziehen. Ihre Gefühle muss man respektieren.

Das Miteinander der Generationen

Angesichts der derzeitigen und erst recht der künftigen Altersverteilung in der Bevölkerung drängt sich eine Gesellschaftsform auf, die den Stärken und Einschränkungen *aller* Generationen gerecht wird. Anstelle starr eingegrenzter Lebensentwürfe nach dem klassischen Drei-Phasen-Modell „Ausbildung – Beruf – Ruhestand" ist ein Modell anzustreben, in dem die drei Phasen so weit wie möglich durchmischt sind. Für alle Generationen gilt es, individuelle Begabungen und Bedürfnisse zu berücksichtigen.

In der Politik sind bereits Bestrebungen im Gange, die Generationen zusammenzuführen. In Deutschland wurde im Juli 2005 der 5. Altenbericht des Bundesministeriums für Familie, Senioren, Frauen und Jugend mit dem Titel „Potentiale des Alters in Wirtschaft und Gesellschaft. Der Beitrag älterer Menschen zum Zusammenhalt der Generationen" fertig gestellt. Ziel dieses Berichts ist es, das öffentliche Bild des Alters zu verbessern und Anregungen für eine gesellschaftliche Integration der Kompetenzen älterer Menschen zu geben. Religiöse und staatliche Institutionen schaffen als Brücke zwischen den Generationen „Netzwerke", die als Kontaktstelle und Informationsbörse funktionieren.

Solidarität gedeiht auf dem Boden direkter persönlicher Kontakte zwischen Angehörigen der verschiedenen Generationen. Im Familienkreis kann das heißen, dass die Geburtstage aller Familienmitglieder gleichermaßen gefeiert werden. Ältere Nachbarn sollte man aufsuchen und näher kennen lernen.

Kontakte innerhalb der Wohngemeinde sind ebenfalls zu fördern. Kindergarten- oder Schulklassen besuchen Menschen im Altenheim. In vielen Gemeinden übernehmen Senioren und Seniorinnen wertvolle Aufgaben zur Unterstützung des Lehrpersonals. Sie helfen in Tagesstätten oder Kindergärten oder unterstützen Schüler und Schülerinnen mit Lernschwierigkeiten bei der Erledigung der Hausaufgaben. Darüber hinaus können sie im Unterricht einbezogen werden, um Einblicke in ihre ehemalige Berufswelt zu ermöglichen oder den Geschichtsunterricht mit ihren persönlichen Erfahrungen zu bereichern.

In einem interessanten Schulprojekt haben Senioren und Seniorinnen sich verpflichtet, für ein halbes Jahr als „Brieffreunde" für Viertklässler zur Verfügung zu stehen. Sie hatten den Auftrag, Interesse für die Anliegen der Kinder zu zeigen und Rechtschreibfehler zu ignorieren. Die älteren Teilnehmer erfuhren auf diese Weise immer wieder Neues über die heutige Lebenswelt von Kindern. Ein Senior kam mit seinem Schreibpartner ins Gespräch darüber, was „Nintendo" ist. Die Kinder konnten Fragen über die Schule in vergangenen Zeiten stellen und den Erwachsenen von ihren Sorgen und Freuden berichten. Am Ende des Programms gab es ein Fest, bei dem alle Beteiligten sich persönlich kennen lernten. Es war schwer zu sagen, bei welcher Altersgruppe die Begeisterung am größten war.

Heranwachsende, die dabei sind, ihr eigenes Weltbild aufzubauen und ihren Platz in der Gesellschaft zu suchen, können von den persönlichen Erfahrungen der Großelterngeneration in besonderem Maße profitieren. Der Einbezug von Jugendlichen – zum Beispiel in Form eines regelmäßigen, unentgeltlichen Sozialdiensts – in die Pflege von älteren Menschen wäre eine verantwortungsvolle Aufgabe, die das Selbstwertgefühl der Heranwachsenden stärken würde. Gleichzeitig könnten auf diese Weise Toleranz, Verständnis und Respekt der Generationen füreinander gefördert werden.

Menschen im „mittleren Alter" brauchen mehr als bisher die Möglichkeit, sich weiterzubilden oder den Beruf zu wechseln. Dazu könnten bereits bestehende Institutionen für Menschen in verschiedenen Altersstufen ausgebaut werden. An vielen Universitäten in den USA zum Beispiel studieren ältere Menschen neben Studenten, die ihre Enkel sein könnten. Junge Menschen, die gleichzeitig die Anforderungen des Starts ins Berufsleben und das Aufziehen kleiner Kinder bewältigen müssen, könnten durch die Unterstützung von jüngeren Senioren entlastet werden.

Menschen im hohen Alter müssen eine ausreichende medizinische Versorgung und ihren Bedürfnissen entsprechende Pflegeeinrichtungen zur Verfügung haben. Soweit wie möglich sollten sie in Entscheidungen über ihre Lebensgestaltung einbezogen werden und ihre Wünsche berücksichtigt werden. Sie sollten dazu ermuntert werden, ihre schöpferischen Tätigkeiten weiter zu pflegen und Neues zu lernen. Doch sollte die Aktivität nicht aufgezwungen sein. Hochbetagte Menschen sollten auch die Freiheit haben, nichts zu tun.

Anregungen für die Einbindung der ältesten Mitglieder in die Gesellschaft finden wir in Japan. Die japanische Insel Okinawa hat den höchsten Anteil an Hundertjährigen auf der Welt: Auf 100 000 Einwohner kommen 44 Hundertjährige, verglichen mit 16 in ganz Japan und 12,5 in Deutschland. Forscher haben verschiedene Faktoren untersucht, die zur Langlebigkeit der japanischen Bevölkerung beitragen. Die Ernährung spielt ebenso eine Rolle wie die Tatsache, dass viele Hundertjährige bis ins hohe Alter gearbeitet und ihren bäuerlichen Lebensrhythmus beibehalten haben. Aber auch die Position der ältesten Menschen im gemeinschaftlichen Leben spielt eine Rolle. Soziale Kontakte werden gepflegt und alte Menschen genießen hohes Ansehen in Familie und Gemeinschaft. Studien haben gezeigt, dass soziale Kontakte, Anerkennung und das Gefühl, eine Leistung zu erbringen, die wertgeschätzt wird, einen positiven Einfluss auf den Gesundheitszustand und das Wohlbefinden haben, auch von Menschen in sehr hohem Alter. Es ist daher wichtig, ihre Leistungen und ihren Beitrag zu den Errungenschaften der Gesellschaft anzuerkennen. Ein weiterer Grund, Menschen ganz besonders zu schätzen, die ein sehr hohes Alter erreicht haben, besteht darin, dass sie die Verbindung zu vergangenen Generationen halten. Sie verkörpern ein lebendiges Geschichtsbuch, aus dem wir schöpfen können, wenn wir mehr über unsere Vergangenheit wissen wollen, aber auch, wenn wir ihre Erfahrungen nutzen wollen, um Lösungen für gegenwärtige Probleme zu suchen.

Eine Gesellschaft kann nur dann optimal funktionieren, wenn alle Generationen konstruktiv miteinander und nicht nur nebeneinander leben. Eine Grundlage dafür ist das Bewusstsein der Stärken und Einschränkungen jeder Altersstufe und der gegenseitige Respekt aller Generationen füreinander. Dies bedeutet, dass alte Menschen die Probleme, Ängste und Visionen der Jüngeren wahrnehmen und ihr Streben nach einer besseren Welt anerkennen.

Junge Menschen sollen ein Auge haben für die Probleme, Ängste und Lösungsansätze der alten Generation und anerkennen, dass vieles von dem, was in der Gegenwart ganz selbstverständlich zu sein scheint, erst möglich wurde durch das, was sie in der Vergangenheit geleistet hat. Unterstützt wird die Annäherung der Generationen durch das Verständnis für die unendliche Vielfalt menschlicher Individualität und für die Tatsache, dass wir trotz aller Unterschiede zur gleichen „Familie" gehören.

Wir betreten Neuland

Noch nie in der Geschichte der Menschheit haben so viele sehr alte Menschen einen Großteil der Gesellschaft ausgemacht. Noch nie lebten so viele Menschen in einer 5-Generationen-Gesellschaft. Wir betreten hier Neuland. Es ist einsehbar und einfühlbar, dass dies Unsicherheit und Ängste hervorruft. Der Mensch reagiert auf neue Situationen zunächst einmal mit Angst, Vorsicht oder Bedenken. Das Gehirn ermöglicht uns aber, Überlegungen über potentielle Lösungen anzustellen, Strategien dafür auszuwählen und dabei relevante Werte zu berücksichtigen. Wir hoffen, in diesem Buch gezeigt zu haben, dass gute Gründe dafür bestehen, dass die Gesellschaft die neuen Herausforderungen meistern wird.

Anhang

Hirnstrukturen und Funktionen

Das Gehirn ist ein gigantisches Netzwerk mit spezialisierten Strukturen, die ständig miteinander in Verbindung stehen. Sie üben im „Hauptberuf" ihre speziellen Tätigkeiten aus, doch leisten sie wichtige Unterstützungsarbeit bei anderen Prozessen. Man kann deshalb nicht sagen, dass eine spezielle Funktion, zum Beispiel Gedächtnis, nur in einer Struktur stattfindet.

Das erwachsene Gehirn ist etwa 1,4 kg schwer. Obwohl es lediglich knapp 2 Prozent des Körpergewichts ausmacht, braucht es 20 Prozent der täglichen Energiezufuhr. Das Gehirn steht konstant unter „Schwachstrom"; auch wenn wir schlafen, arbeitet es emsig weiter.

Das Gehirn verarbeitet Information von außen und von innen. Zahlreiche Nervenbahnen verbinden es mit dem gesamten Körper. Das Gehirn und Rückenmark werden als „zentrales Nervensystem" bezeichnet, die restlichen Nervenbahnen als „peripheres Nervensystem".

Die beiden Hirnhälften (Hemisphären)

Das Gehirn besteht aus zwei Hälften (Hemisphären), die durch einen dicken Balken (corpus callosum) verbunden sind. Daneben bestehen auch andere, weniger markante Verbindungspfade. Obwohl die beiden Hemisphären unterschiedliche Funktionsschwerpunkte haben, sind sie immer miteinander in Kontakt und führen die meisten Tätigkeiten gemeinsam aus. Die jeweilige Aktivität findet nicht ausschließlich in einer Hirnhälfte statt, sondern vorwiegend in einer Hirnhälfte und weniger in der anderen. Wenn wir

Einzelheiten in einem Bild betrachten, findet die Hauptaktivität in der linken Hemisphäre statt. Die rechte Hemisphäre verarbeitet den Gesamteindruck. Analog dazu werden einzelne Laute und

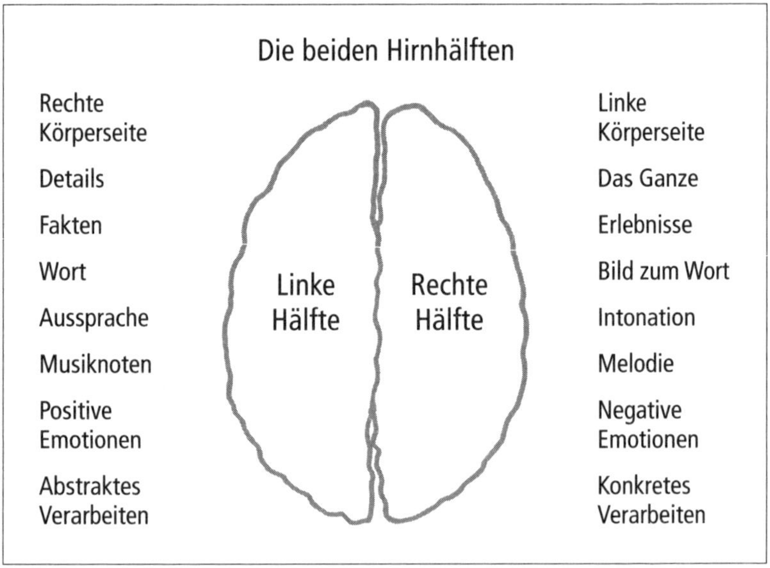

Wörter hauptsächlich in der linken Hemisphäre analysiert; Prosodie, die „Melodie" der Sprache, wird eher in der rechten Hemisphäre empfunden. Das Aussprechen einzelner Wörter wird in der linken Hemisphäre vorbereitet, die Intonation in der rechten.

Interessanterweise werden viele Bewegungs- und Sinnesfunktionen über Kreuz gesteuert oder verarbeitet. Die linke Hirnhälfte kontrolliert Bewegungen der rechten Körperseite und umgekehrt. Die meisten Reize, die das Gehirn durch das linke Ohr erreichen, gelangen direkt an die rechte Hemisphäre.

Die beiden Hirnhälften werden über einen längeren Zeitraum für ihre speziellen Funktionen ausgebildet und dank ihrer Plastizität bleiben sie – vor allem in der Kindheit und Jugend – bis zu einem gewissen Grad fähig, füreinander einzuspringen; eine Tatsache, die besonders für die Rehabilitation nach krankheits- oder unfallbedingten Schädigungen des Gehirns von Bedeutung ist.

Die Hirnrinde (Kortex)

Die Hirnrinde ist der Teil des Gehirns, der sich im Verlauf der menschlichen Evolution besonders stark entwickelt hat. Diese oberste Schicht des Groß- und Kleinhirns ist in vielen Falten zusammengelegt und würde eine 1,5 Quadratmeter große Fläche bedecken, wenn sie ausgebreitet wäre. Die Hirnrinde ist der Sitz der Nervenzellkörper, welche die so genannte „graue Substanz" bilden. Von den Nervenzellkörpern wachsen lange Fortsätze (Nerven) aus, die die darunter liegende subkortikale Schicht durchziehen. Die Nerven sind von Myelin umgeben, einer fettartigen Isolierschicht, die von nahezu weißer Farbe ist und daher „weiße Substanz" genannt wird.

Hirnrindeareale

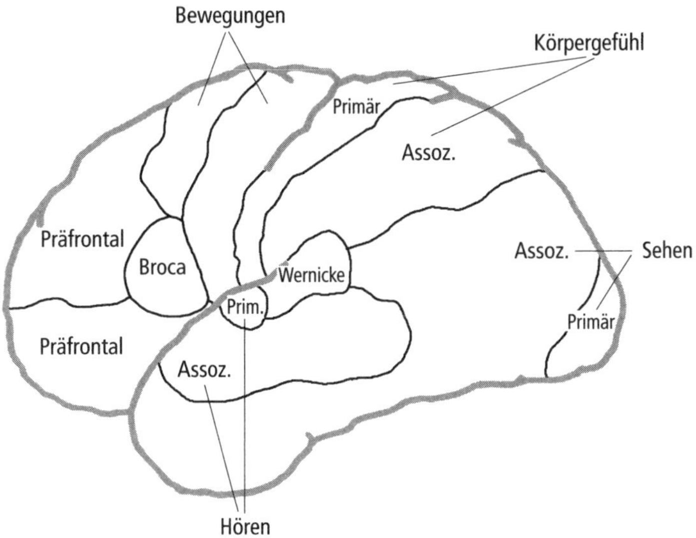

Die Hirnrinde ist in spezialisierte Areale eingeteilt, jedoch ohne starre Grenzen. Eine Region im Hinterkopf (Occipitallappen) ist für die Verarbeitung von visuellen Signalen zuständig. In den

Schläfenlappen (Temporallappen) werden Signale für Laute und Geräusche analysiert. Bei den meisten Menschen sind die Regionen, die auf die Sprache spezialisiert sind, vorwiegend in der linken Hemisphäre angesiedelt. Das Wernicke-Areal ist wichtig für das Sprachverständnis; das Broca-Areal ist ebenfalls am Sprachverständnis beteiligt und außerdem für die Kontrolle der Muskelbewegungen verantwortlich, die zur Erzeugung von Lauten erforderlich sind.

Ein weiteres Areal ist für den Tastsinn zuständig und verarbeitet Signale vom gesamten Körper, zum Beispiel für Hitze, Druck und Schmerz, aber auch für die wohltuenden Empfindungen etwa durch Massage oder Streicheln. Parallel zu dieser Region befindet sich der Teil der Hirnrinde, der Muskelbewegungen auslöst.

Im vorderen Teil des Gehirns (Frontallappen) befinden sich Zentren, die wir mit „Denken“ in Zusammenhang bringen. Der obere Bereich ist vorwiegend mit bewussten Aktivitäten beschäftigt. Hier befinden sich wichtige Bestandteile der Netzwerke, die für Exekutivfunktionen wie das Arbeitsgedächtnis, das Abwägen und die Bewertung von verschiedenen Strategien und für das Ausführen von Handlungen zuständig sind. Dieses Areal ist auch besonders aktiv bei der Impulskontrolle. Das Hauptgewicht bei den Funktionen des unteren Vorderteils der Hirnrinde fällt auf die Verarbeitung von unbewussten Entscheidungen. Dieser Teil der Hirnrinde ist auch wichtig für Motivation und für die Interpretation von sozialen Signalen.

Unterhalb der Hirnrinde angesiedelte Strukturen (subkortikale Strukturen)

Die Strukturen, die sich unterhalb der Hirnrinde befinden, werden als „subkortikale Strukturen“ bezeichnet. Der Thalamus ist die Eingangspforte für Sinneseindrücke. Er ist auch die wichtigste Übermittlungsstelle zwischen dem Kortex und den subkortikalen Zentren. Der Hippocampus ist weitgehend für die Kurzzeitlagerung von Erinnerungen und für deren Transfer vom Kurzzeit- zum Langzeitspeicher zuständig. Die Basalganglien sind eine Gruppe

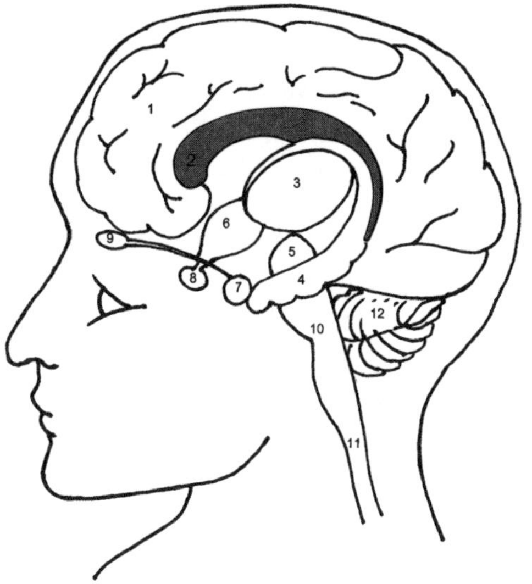

1. Hirnrinde
2. Balken
3. Thalamus
4. Hippocampus
5. Mittelhirn
6. Hypothalamus
7. Amygdala
8. Hypophyse
9. Riechkolben
10. Hirnstamm
11. Rückenmark
12. Kleinhirn

Die Basalganglien sind in dieser Ansicht nicht dargestellt.

von Strukturen, die eine Rolle bei der Ausführung von Bewegungen, aber auch bei Denk- und Belohnungsprozessen spielen.

Die Amygdala (Mandelkern), ein kleines, mandelgroßes Organ dicht neben dem Hippocampus, ist Teil eines in der Evolution sehr früh entstandenen Systems, des limbischen Systems. Für das Überleben ist ihre Arbeit von großer Bedeutung, weil sie rasch auf unerwartete Situationen reagiert und Signale aussendet, die den Körper in Erregung oder Alarmbereitschaft versetzten. Die Amygdala spielt eine zentrale Rolle in Situationen, die mit Emotionen verbunden sind, vor allem bei Angstreaktionen. Sie ist eng verbunden mit dem autonomen Nervensystem und den Organen, die Hormone produzieren. Die Amygdala ist auch wesentlich beteiligt an der Speicherung von emotionalen Erinnerungen. Die individuellen Einstellungen der Amygdala sind eine Grundlage des Temperaments.

Ebenfalls subkortikal angesiedelt sind die Strukturen, die lebenswichtige Körperfunktionen kontrollieren. Der Hypothalamus reguliert Schlafrhythmen und Gefühle von Hunger und Durst. Außerdem ist er ein wichtiger Bestandteil im Netzwerk der Stress- und Immunsysteme. Der Hypothalamus reguliert über die Hypophyse die Funktionen von weiteren Drüsen und des autonomen Nervensystems. Im Hirnstamm befinden sich Kontrollzentren für Herz- und Lungenaktivität und für die Erhaltung der richtigen Körpertemperatur. Der Riechkolben ist eine Anschwellung an der vorderen Basis des Gehirns, in die die Riechnerven einmünden. Seine Nähe zur Amygdala weist auf die emotionale Bedeutung des Geruchsinns hin. Der Hirnstamm verbindet die Hirnrinde mit dem Rückenmark und ist somit eine wichtige Zwischenstation für Befehle von der Hirnrinde an die Muskeln oder für Signale vom ganzen Körper an die Hirnrinde. Der Hirnstamm ist auch wesentlich beteiligt an Bewusstseinszuständen.

Das Kleinhirn (Cerebellum)

Im hinteren Teil des Kopfes befindet sich das Kleinhirn (Cerebellum). Jahrelang dachte man, dass das Cerebellum seine Funktion beinahe ausschließlich in der Steuerung von Muskelbewegungen habe. Die neuere Forschung hat aber gezeigt, dass es auch beim Denken und Sprechen eine Rolle spielt. Da das Cerebellum mehr Nervenzellen enthält als alle anderen Gehirnstrukturen zusammen, nimmt man an, dass seine Funktionen noch deutlich über das bislang Erforschte hinausgehen.

Verschiedene Formen von Gedächtnis

Es gibt nicht nur *ein* Gedächtnis, sondern mehrere Gedächtnisformen, die sich bezüglich Zeit oder Inhalt voneinander unterscheiden. Man spricht zum Beispiel vom „Ultrakurzzeitgedächtnis“, „Kurzzeitgedächtnis“ oder vom „Langzeitgedächtnis“. Wenn Gedächtnisformen nach ihrem Inhalt beschrieben werden, ist die erste Einteilung die in bewusste (explizite) oder unbewusste (implizite) Erinnerungen.

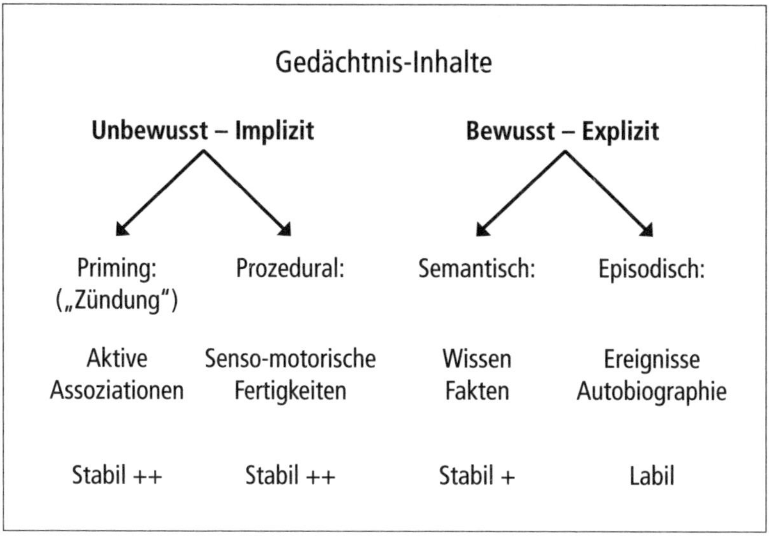

Das explizite Gedächtnis betrifft Fakten und Ereignisse, an die man sich bewusst erinnern und die man mehrheitlich sprachlich ausdrücken kann. Ein Bereich ist das Faktenwissen (manchmal „semantisches Gedächtnis" genannt). Wenn Fakten eine hohe persönliche Bedeutung haben oder wenn sie oft genug wiederholt worden sind, können sich Menschen ein Leben lang an sie erinnern. Das „episodische Gedächtnis" umfasst Ereignisse, die ein Mensch erlebt hat; wenn sie seine eigene Person betreffen, spricht man vom autobiographischen Gedächtnis. Erinnerungen im episodischen Gedächtnis, besonders ihre zeitlichen und örtlichen Details, sind nicht so stabil wie Faktenwissen.

Die Bezeichnung „implizites Gedächtnis" betrifft Prozesse, die weitgehend unbewusst stattfinden, jedoch das Handeln beeinflussen können. Eine Form des impliziten Gedächtnisses ist das Priming („Zündung"). Es findet statt, wenn Sie eine aktive Assoziation herstellen zwischen etwas, was Sie jetzt erleben, und einer Erinnerung, die Sie schon gespeichert haben. Sie hören beispielsweise im Radio eine Melodie, die Sie in ihrer Jugend begeistert hat, und plötzlich erinnern Sie sich an das Fest zum Abschluss Ihrer Schuljahre. Priming bleibt aktiv, so lang man lebt.

Das „prozedurale Gedächtnis" umfasst Fertigkeiten, die man einmal so gründlich gelernt hat, dass sie automatisch ausgeführt werden. Handarbeit oder Sport sind Beispiele von Aktivitäten, die im prozeduralen Gedächtnis gespeichert werden.

Das Arbeitsgedächtnis hält aktuelle Informationen kurzzeitig zur Verfügung („on-line") und aktualisiert bestehende Informationen aus dem Langzeitspeicher. Das Arbeitsgedächtnis ist notwendig für anhaltende Aufmerksamkeit, Nachdenken, Urteilen und Handeln. Spezielle Neuronen im vorderen Stirnhirn sind während der kritischen Phase andauernd aktiv.

Wie eine Erinnerung gespeichert wird

Auf vielfältigen und verschlungenen Pfaden finden die Prozesse statt, die zur Bildung von bewussten und unbewussten Erinnerungen führen. Doch inzwischen sind einige Hauptstrukturen identifiziert worden, die wichtig für die Bildung und Speicherung von Erinnerungen sind. Nehmen wir an, Sie wollen sich das Bild einer wunderschönen Berglandschaft einprägen, wie Sie sie auf einer Wanderung gesehen haben.

In einem ersten Schritt landen die Lichtimpulse auf der Retina in Ihrem Auge. Die entsprechenden elektrischen Signale gelangen an den Thalamus, das Eingangstor für Sinneseindrücke. Von dort werden sie einerseits an die Amygdala geleitet, die den emotionalen Inhalt verarbeitet: Der Gesamteindruck dessen, was Sie sehen, ist angenehm und Sie verspüren bei dem Anblick ein Wohlgefühl. Gleichzeitig sendet der Thalamus Signale an die primäre Sehhirnrinde, welche die elektrischen Impulse zuerst nach Farben und Formen verarbeit. In der anliegenden Assoziativsehrinde werden die Elemente zusammengefügt und es entsteht ein mentaler bildlicher Eindruck von grünen Bäumen mit einem Bergsee und violetten Bergen in der Ferne. Das Zusammenfügen der Einzelelemente zu einem Ganzen wird als „Bindung" bezeichnet und ist an die gleichzeitige Aktivität vieler Neuronen geknüpft – ein Prozess, der speziell von Prof. Wolf Singer (Max-Planck-Institut für Hirnforschung, Frankfurt a. M.) ausgearbeit wurde. Wie es von

Eine Erinnerung wird gespeichert

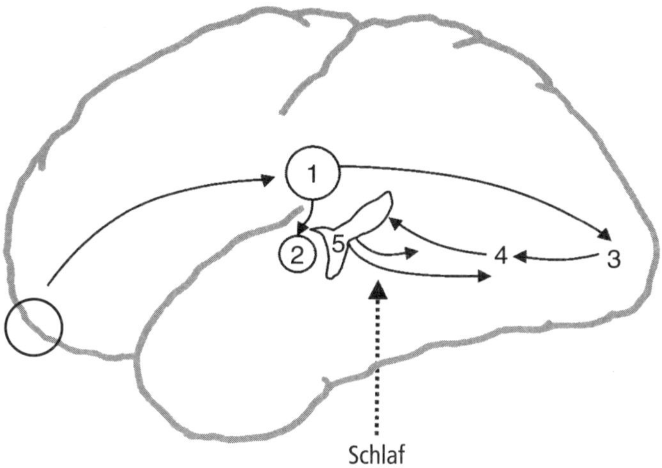

1. Thalamus
2. Amygdala
3. Primäre Sehhirnrinde
4. Assoziative Sehhirnrinde
5. Hippocampus

der elektrischen Aktivität zur mentalen Bildvorstellung kommt, ist eine der großen (noch) ungelösten Fragen.

Das elektrische Muster des „Bildes“ wird in den Hippocampus transferiert und im so genannten Kurzzeitgedächtnis gespeichert. Hier kann es einige Stunden bis Wochen verbleiben. Ist das „Bild“ im Kurzzeitgedächtnis für Sie von besonderer emotionaler oder kognitiver Bedeutung, wird es allmählich ins Langzeitgedächtnis überführt, in die assoziative Hirnrinde, wo schon die sekundäre Bildverarbeitung erfolgte. Dieser Prozess kann Wochen und Monate dauern und ist an wiederholte Aktivierungen gebunden.

Der Transfer ins Langzeigedächtnis findet zum Teil während des Schlafens statt. Wahrscheinlich werden Fakten und Erlebnisse während der Periode des Tiefschlafes am Anfang der Nachtruhe übertragen, das Erinnern von gelernten motorischen Fertigkeiten (Sport, Handwerk) während der Traumphase gegen Morgen. Im Schlaf lernt man also nichts Neues, aber Gelerntes wird gefestigt.

Denken Sie zu einem späteren Zeitpunkt über Ihr Erinnerungs„bild“ nach oder vergleichen Sie es mit einem momentanen Eindruck, dann wird der vorderste Teil des Stirnhirns – der Präfrontalkortex – aktiviert, der das Bild der Berglandschaft aus dem Langzeitgedächtnis abruft.

Wie Lernen im Gehirn stattfindet

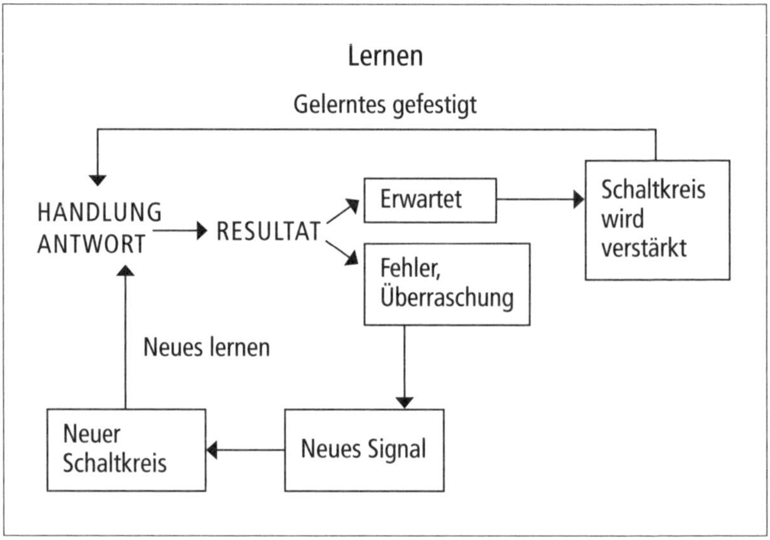

Wenn wir etwas Neues lernen, verändert sich unser Gehirn. Es werden neue Schaltkreise gebildet oder bestehende verstärkt. Nehmen wir an, jemand fragt Sie nach der Hauptstadt der Schweiz. Sie antworten: „Genf“ … und erfahren, dass ihre Antwort falsch ist und dass die richtige Antwort „Bern“ lautet. Die Zellen in Ihrem Gehirn stellen neue Verbindungen mit anderen Zellen her und bauen einen neuen Schaltkreis auf. Sie haben etwas Neues gelernt. Allerdings sind diese neuen Verbindungen am Anfang sehr zerbrechlich. Der Schaltkreis wird verstärkt, wenn Sie üben und Ihre Antwort von Zeit zu Zeit wiederholen.

Nervenzellen machen Kontakte

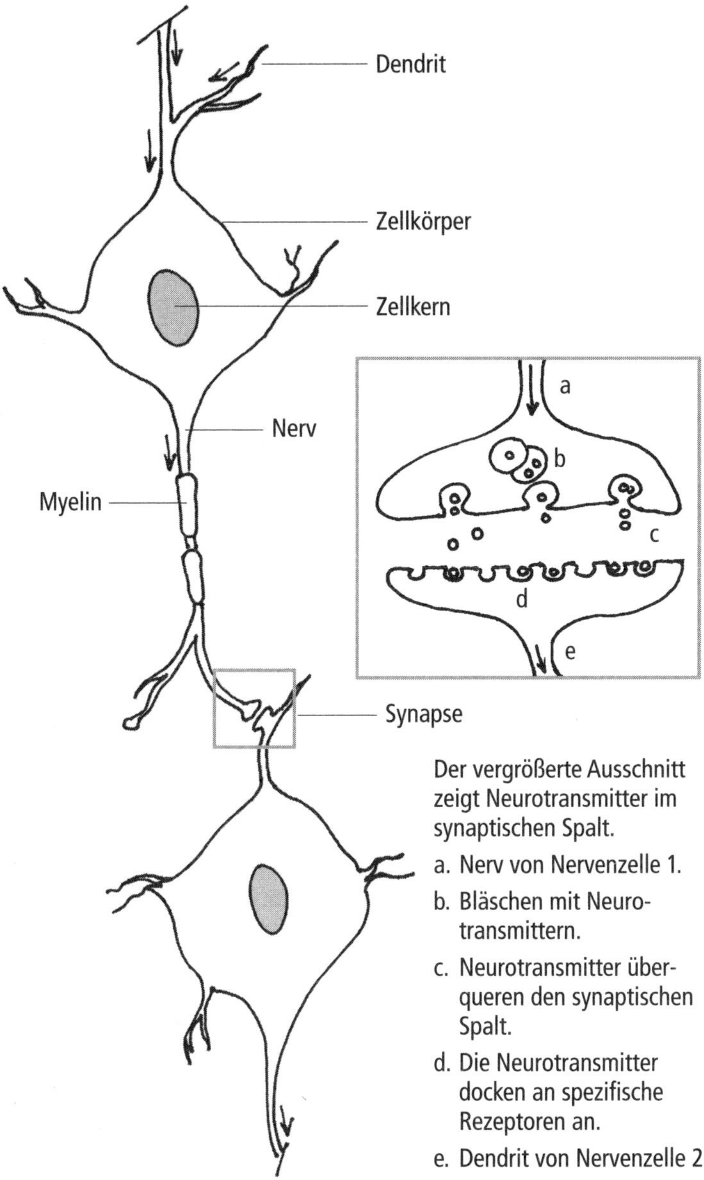

Der vergrößerte Ausschnitt zeigt Neurotransmitter im synaptischen Spalt.

a. Nerv von Nervenzelle 1.

b. Bläschen mit Neurotransmittern.

c. Neurotransmitter überqueren den synaptischen Spalt.

d. Die Neurotransmitter docken an spezifische Rezeptoren an.

e. Dendrit von Nervenzelle 2.

Alle geistigen Leistungen sind verbunden mit der Aktivität von Nervenzellen. Eine Nervenzelle besteht aus einem Zellkörper mit einem langen Axon (Nerv) und mit vielen Verästelungen (Dendriten). Die Kontaktstellen zwischen Nervenzellen werden „Synapsen" genannt. Die erste Zelle sendet einen Impuls den Nerv entlang bis zu feinen Endfasern, die Kontakt mit einem Dendrit einer anderen Nervenzelle suchen und knüpfen. Die Endfaser der ersten Zelle und der Dendrit der zweiten Zelle berühren sich nicht direkt; der elektrische Impuls muss über einen Spalt „springen". Er veranlasst die Zelle, chemische Botenstoffe (Neurotransmitter) zu produzieren. An der Spitze der Endfaser befinden sich kleine Bläschen, die die Neurotransmitter in die Synapse freilassen. Die Neurotransmitter tragen die chemische „Mitteilung" über den Spalt und landen an speziellen Empfangsstellen (Rezeptoren) auf dem nächsten Neuron. Dort löst das Signal wieder einen elektrischen Impuls aus, der an die nächste Zelle übermittelt wird.

Die Aktivität in den Synapsen ist von zentraler Bedeutung für die Leistungen des Nervensystems. Neurotransmitter können Lernprozesse hemmen oder anregen. Sie spielen eine Rolle bei der Aufmerksamkeit und beim Klassifizieren von Reizen als angenehm oder unangenehm. In dieser Funktion beeinflussen sie unsere Entscheidung, eine Handlung zu wiederholen. Neurotransmitter wirken auf Gefühle und Stimmungen. Viele Psychopharmaka beeinflussen die Aktivität der Neurotransmitter in der Synapse.

Die Axone, die Signale schnell und störungsfrei übermitteln müssen – über Distanzen von 0,1 Millimeter bis zwei Meter – sind von einer Isolierschicht (Myelin) umgeben. Myelin kann die Übermittlungsgeschwindigkeit bis zum Hundertfachen erhöhen. Aktivität stimuliert die Bildung von Myelin. Im Alter wird in vielen Gebieten das Myelin abgebaut. Doch kann vermehrte geistige und körperliche Aktivität diesem Prozess entgegenwirken.

Zwischen den Nervenzellen befinden sich Gliazellen, die die Nervenzellen mit Nahrung und Sauerstoff versorgen. Gliazellen beeinflussen auch die Synapsen und damit die Schaltkreise der Neuronen. Sie bleiben bis ins sehr hohe Alter aktiv.

Wie Umwelt und Aktivität die Arbeit der Gene beeinflussen

Die Ergebnisse der neueren genetischen Forschung bewirken eine neue Sichtweise der Rolle der Genetik in unserem Alltag. Gene befinden sich in jeder Zelle des Körpers und geben die Anweisungen für die Herstellung von Eiweißmolekülen, die den Stoffwechsel regulieren oder für den Bau von Strukturen eingesetzt werden. Es gibt kein Gen etwa für Kriminalität oder Intelligenz.

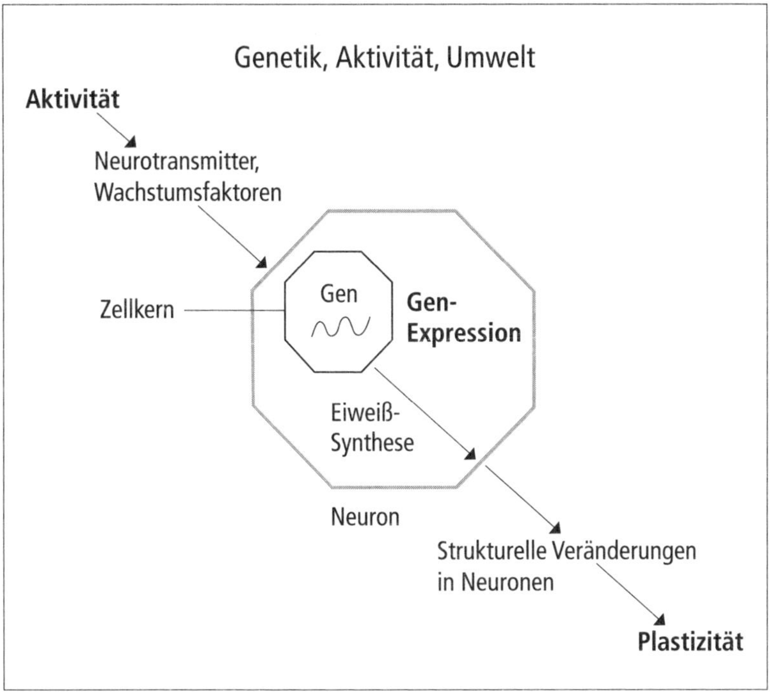

Die Gene können ihre Information nicht ohne weiteres freigeben. Sie brauchen spezielle Bedingungen, um „exprimiert" („ausgedrückt") zu werden; man nennt diesen Prozess „Genexpression". Das heißt, dass Umwelt und Aktivität einen großen Einfluss auf die Gene ausüben können. Wenn ein Gen vorhanden ist, welches das Risiko für eine bestimmte Krankheit erhöht, wird es sich weniger gut durchsetzen können, wenn die übrigen Bedingungen für die Entstehung dieser Krankheit eher ungünstig sind. Wenn eine Person das Gen besitzt, welches das Risiko für Lungenkrebs erhöht, aber nie raucht, bleibt die Wahrscheinlichkeit, dass sie tatsächlich an Lungenkrebs erkrankt, gering.

Genexpression ist die Grundlage für die Erinnerungsbildung und für das Lernen. Stellen Sie sich vor, Sie wollen ein Gedicht auswendig lernen. Während Sie die Wörter lesen, werden Ihre Hirnzellen elektrisch angeregt und chemische Botenstoffe (Neurotransmitter) an den Kontaktstellen (Synapsen) freigesetzt. Dies führt mittels einer Reihe komplexer chemischer Vorgänge in der Zelle dazu, dass ein Gen – oder eine Kombination von Genen – im Zellkern Anweisungen für den Bau von Eiweißmolekülen aussendet. Es werden nun neue, spezielle Eiweiße gebildet, die zum Beispiel als Gerüst für eine weitere Zellverästelung (Dendrit) gebraucht werden. Die Zelle bekommt einen zusätzlichen „Fühler", mit dem sie neue Kontakte zu anderen Zellen suchen kann. Wenn Sie das Gedicht von Zeit zu Zeit wiederholen, werden die Schaltkreise fester. Sie haben das Gedicht „gelernt". Obwohl diese Prozesse im Alter mehr Zeit beanspruchen, findet Genexpression bis ans Lebensende statt.

Männer- und Frauengehirne sind verschieden

Obwohl es sehr schwierig ist, festzustellen, ob Unterschiede im Verhalten biologisch oder sozial bedingt sind, ist es eine Tatsache, dass das männliche und das weibliche Gehirn sich in einigen Aspekten unterscheiden. Zwei Faktoren dürfen dabei jedoch keineswegs in Vergessenheit geraten: 1. Die Unterschiede zwischen zwei Individuen des gleichen Geschlechts können größer sein als die allgemeinen Unterschiede zwischen den Geschlechtern. 2. Große Vorsicht ist angebracht, wenn es darum geht, von der Größe einer Hirnstruktur direkt auf ihre Leistungskapazität zu schließen.

Vorwiegend biologisch bedingt ist das größere Volumen der Sprachregionen im Gehirn von Frauen. Dies betrifft sowohl die für das Sprechen als auch für das Hören von Sprache zuständigen

Gehirnbereiche – ein Hinweis darauf, dass Sprache für Frauen möglicherweise eine größere Bedeutung hat als für Männer. Beim männlichen Gehirn hingegen ist die Scheitelhirnrinde größer als beim weiblichen. Diese Region ist wichtig für die räumliche Orientierung, die eventuell bei Männern eine größere Rolle spielt.

Die Tatsache, dass beim weiblichen Gehirn die limbische Hirnrinde im Verhältnis zur Amygdala größer ist als beim männlichen Gehirn, führt zu einer interessanten Spekulation. Die limbische Hirnrinde *kontrolliert* emotionale Reaktionen, während die Amygdala bei der *Entstehung* der emotionalen Reaktionen beteiligt ist. Die bei Frauen festgestellte im Verhältnis zur Amygdala größer ausgebildete limbische Hirnrinde könnte bedeuten, dass Frauen ihre Gefühle besser kontrollieren können als Männer.

Die Geschwindigkeit, mit der Informationen im Balken, der die beiden Hirnhälften miteinander verbindet, übertragen werden, ist bei Frauen höher als bei Männern. Es stellt sich die Frage, ob Frauen in höherem Maße als Männer die Informationen beider Hirnhälften intensiver nutzen.

Einen weiteren Hinweis darauf, dass Geschlechtsunterschiede im Verhalten nicht ausschließlich sozial-kulturell bedingt sind, lieferte eine Forschungsgruppe, die Babys am ersten Tag nach der Geburt beobachtete. Den Säuglingen wurde abwechselnd das freundliche Gesicht einer Frau oder ein in der Farbgebung angeglichenes Bild eines mechanischen Gegenstands gezeigt. Die Kinder wurden dabei gefilmt. Später haben Psychologen, die nicht wussten, was die Babys gesehen hatten, den Film studiert und die Zeit gestoppt, die für das Betrachten des Bildes aufgewendet wurde. Es stellte sich heraus, dass die Mädchen länger das Gesicht anschauten, während die Jungen länger den mechanischen Gegenstand „betrachteten". Einjährige Mädchen schauen das Gesicht ihrer Mütter häufiger und länger an, und sie bevorzugen Filmsequenzen mit Gesichtern. Jungen dagegen bevorzugen Filmsequenzen mit Autos oder anderen mechanischen Objekten.

Untersuchungen mit Affen zeigen Geschlechtsunterschiede in Bezug auf das Spielverhalten. Weibchen spielen länger mit „weiblichen" Spielzeugen, während Männchen mehr Zeit mit „maskulinen“ Spielzeugen verbringen. Weibchen und Männchen verbringen jedoch gleich viel Zeit mit geschlechtsneutralen Spielzeugen.

Einen Hinweis darauf, dass traumatische Erinnerungen bei Frauen und Männern verschieden verarbeitet werden, liefern Untersuchungen mit Patienten, die unter dem Posttraumatischen Stress-Syndrom (PTSS) leiden. Typisch für diese Erkrankung ist, dass die Patienten ihre Erinnerungen an schwere Unfälle oder Gewaltakte nicht vergessen können. Es ist bekannt, dass die Amygdala eine wichtige Rolle bei starken emotionalen Erinnerungen spielt. Bei Vorliegen eines PTSS wird angenommen, dass eine Überfunktion der Amygdala zur Überreaktion der Patienten beiträgt. Werden zusätzlich zur allgemeinen Therapie auch Beta-Blocker eingesetzt, die die Funktion der Amygdala herabsetzen, so wird die Stärke der quälenden Erinnerung vermindert. Dies ist aber nur bei Frauen der Fall. Es scheint, dass bei Männern andere Prozesse ablaufen und dass dies in der Therapie entsprechend zu berücksichtigen ist.

Unterschiede beim Neurotransmitter Serotonin bieten zum Teil eine Erklärung dafür, dass Männer und Frauen unterschiedlich häufig von Depressionen betroffen sind. Es ist bekannt, dass Serotonin eine wichtige Rolle für die Gemütsverfassung spielt. Bei Vorliegen einer Depression wird häufig eine verminderte Serotoninbildung festgestellt, was die Funktion verschiedener Hirnregionen reduziert. Bei Männern ist die Serotoninproduktion im Allgemeinen bis zu 52 Prozent höher als bei Frauen. Dies könnte ein Grund dafür sein, dass Depressionen bei Männern weniger häufig vorkommen als bei Frauen.

Glossar

Amygdala (Mandelkern)	Hirnorgan, das speziell in neuen Situationen aktiviert wird. Teil des limbischen (emotionalen) Systems.
Apoplexie	Hirnschlag
Autonomes Nervensystem	Dieses besteht aus sympathischem und parasympathischem Nervensystem sowie einem weiten Nervengeflecht in den Wänden des Verdauungstrakts. Die beiden Systeme regulieren Körperfunktionen wie Blutdruck, Darmbewegungen, Schwitzen, Herztätigkeit.
Axon (Nerv)	Faser, die von der Nervenzelle auswächst und Impulse an die Kontaktstelle zur nächsten Nervenzelle transportiert.
Balken (corpus callosum)	Dickes Nervenbündel, das die beiden Hirnhälften miteinander verbindet.
Basalganglien	Hirnstrukturen, die bei der Planung und Ausführung von Bewegungen eine Rolle spielen. Sie sind auch Teil der Sprach- und Belohnungssysteme.
Dendrit	Verästelung, die von der Nervenzelle auswächst und Signale von anderen Nervenzellen empfängt.
EEG	Elektroenzephalogramm. Technik zur Messung der elektrischen Aktivität im Gehirn.
Exekutivfunktionen	Höhere Kontrollfunktionen wie das Planen, Ausführen und Auswerten von Tätigkeiten, sowie die Impulshemmung.
Glia	Die Gliazellen versorgen die Nervenzellen mit Energie und Aufbaustoffen und

entfernen Abfallprodukte. Gliazellen beeinflussen auch die Synapsen und damit die Schaltkreise der Neuronen.

Hemisphäre — Hirnhälfte, links und rechts.

Hippocampus — Subkortikale Struktur, die wichtig für die Bildung und Speicherung von Erinnerungen ist. Teil des limbischen Systems mit engem Kontakt zur Amygdala.

Hirnrinde (Kortex) — Eine etwa 4 mm dicke Schicht an der Oberfläche des Gehirns. Die Hirnrinde ist der Sitz der Nervenzellkörper (graue Substanz). Sie ist in Areale unterteilt, die spezielle Funktionen haben, jedoch alle miteinander verbunden sind.

Hirnstamm — Subkortikale Struktur, die die Hirnrinde mit dem Rückenmark verbindet. Sie koordiniert Körperfunktionen wie Muskelbewegungen, Bewusstseinszustände, Herzschlag, Atmung.

Hypophyse — Hirnanhangdrüse. Sie reguliert die Hormonausschüttung von weiteren Drüsen.

Hypothalamus — Der Hypothalamus reguliert hormonale, immunologische und emotionale Funktionen. Wichtig für Schlaf. Teil des limbischen Systems.

Kleinhirn (Cerebellum) — Das Kleinhirn koordiniert und korrigiert Kraft und Richtung der Körperbewegungen und spielt eine Rolle beim Erlernen von motorischen Fertigkeiten. Es ist aber auch an geistigen und emotionalen Funktionen beteiligt.

Limbisches System — Das limbische System ist ein uraltes System, das auf neue Situationen reagiert und

	ihnen einen emotionalen Wert beifügt. Es ist somit an allen Formen emotionalen Verhaltens und Denkens beteiligt sowie am Lernen und an der Bildung von Erinnerungen. Zum limbischen System gehören die Amygdala, die limbische Hirnrinde, der Hypothalamus und der Hippocampus.
MRI (Magnetresonanz-Bildgebung)	Das Verfahren wird auch „Kernspintomographie" genannt. Es erlaubt eine sehr gute Bildgebung der Hirnstrukturen, ohne dass Röntgenstrahlen oder radioaktive Substanzen verwendet werden müssen. Funktionelle Magnetresonanzbildgebung (fMRI) kann eingesetzt werden, um Gehirnareale zu zeigen, die bei einer bestimmten Tätigkeit aktiviert werden.
Myelin	Isolierschichten um den Nerv, welche die Nervenleitgeschwindigkeit erhöhen. Bestandteil der „weißen Substanz" unterhalb der Hirnrinde.
Neuron (Nervenzelle)	Es besteht aus Zellkörper, Axon und Dendriten. Im Gegensatz zu anderen Körperzellen bleiben Nervenzellen größtenteils lebenslang erhalten.
Neurotransmitter	Chemische Botenstoffe, die an den Synapsen als Transportmittel funktionieren und damit der Kommunikation der Neuronen untereinander sowie der zwischen Neuronen und ihren Endorganen dienen. Sie vermitteln Impulse, die die Aktivität der Nervenzellen entweder hemmen oder anregen.
Peripheres Nervensystem	Sämtliche Nerven außerhalb des Gehirns und Rückenmarks.

PET	Positron-Emissions-Tomographie. Methode zur Messung von Stoffwechselvorgängen im Gehirn. Sie zeigt, welche Areale bei einer bestimmten Tätigkeit aktiviert sind.
Plastizität	Formbarkeit: Die Fähigkeit des Gehirns, wirksame Anpassungen an verschiedene Anforderungen vorzunehmen (z. B. Lernen, Rehabilitation).
Präfrontaler Kortex	Vorderer Teil der Hirnrinde, hinter der Stirn gelegen. Der präfrontale Kortex ist wichtig für das Arbeitsgedächtnis und andere Exekutivfunktionen. Er spielt eine große Rolle bei bewussten Entscheidungen und beim Überlegen von Strategien.
Rezeptor	Spezifische Eiweiße an der empfangenden Seite der Synapse, an denen die Neurotransmitter andocken.
Subkortikale Struktur	Gehirnteile, die sich unterhalb des Kortex befinden.
Synapse	Kommunikationsstelle zwischen den Neuronen. Die Verbindung kann chemisch mittels Neurotransmitter (indirekt) stattfinden oder elektrisch auf direktem Weg erfolgen.
Thalamus	Eintrittspforte ins Gehirn für Reize von innen und außen. Wichtige Vermittlungsstation zwischen dem Kortex und den subkortikalen Zentren.
Weiße Substanz	Schicht unterhalb des Kortex, die die myelinisierten Axone der Neuronen enthält.
Zentralnervensystem	Gehirn und Rückenmark

Vertiefende Literatur

Bortz, Walter M. (1993): *Wir alle können länger leben. Neue Erkenntnisse über die zweite Lebenshälfte.* Hamburg: Hoffmann und Campe.

Frühlingsdorf, M; A. Jung; U. Ludwig; C. Neumann und C. Schmidt (2005): Generation Pflege. In: *Der Spiegel* (Nr. 19, 9. Mai): S. 86–96.

Gardner, Howard (2002): Vielerlei Intelligenzen. In: *Spektrum der Wissenschaft* 1/2002: S. 36–41.

Hennevin-Dubois, E. (2003): Lernen im Schlaf. In: *Spektrum der Wissenschaft* 2/2003: S. 64–68.

Herschkowitz, N. (2002): *Das vernetzte Gehirn.* 2. Aufl. Bern: Hans Huber.

Jungblut, C. (2005): Wohin mit Mutter? In: *Geo Wissen* (35): S. 58–65.

Mayer, K. U.; P. B. Baltes (Hrsg.) (1996): *Die Berliner Altersstudie.* Berlin: Akademie Verlag.

Meyer, U. (2004): *Happy Aging. Den Rhythmus des Lebens finden.* Freiburg im Breisgau: Herder spektrum 5391.

Montalcini, Rita Levi (1998): *Ich bin ein Baum mit vielen Ästen. Das Alter als Chance.* München: Piper.

Schirrmacher, Frank (2004): *Das Methusalem-Komplott.* München: Karl Blessing Verlag.

Snowdon, David (2001): *Lieber alt und gesund: Dem Altern seinen Schrecken nehmen.* München: Blessing.

Zeyer, A. (o. J.): *Das Geheimnis der Hundertjährigen. Die moderne Physik entdeckt für die Medizin das Lebenselixier des Menschen.* Stuttgart: Kreuz.